● 修身·齐家·治国·平天下

立志

张思达 编著

台海出版社

图书在版编目（CIP）数据

立志 / 张思达编著 . -- 北京：台海出版社，2025.1
ISBN 978-7-5168-4039-9

Ⅰ. H136.33

中国国家版本馆 CIP 数据核字第 20246DS730 号

立志

著　　　者：张思达	
责任编辑：员晓博	封面设计：红　叶

出版发行：台海出版社
地　　　址：北京市东城区景山东街 20 号　　邮政编码：100009
电　　　话：010-64041652（发行，邮购）
传　　　真：010-84045799（总编室）
网　　　址：www.taimeng.org.cn/thcbs/default.htm
E - mail：thcbs@126.com

经　　　销：全国各地新华书店
印　　　刷：廊坊市安次区团结印刷有限公司
本书如有破损、缺页、装订错误，请与本社联系调换

开　　本：787 毫米 ×1092 毫米	1/16
字　　数：55 千字	印　　张：7
版　　次：2025 年 1 月第 1 版	印　　次：2025 年 2 月第 1 次印刷
书　　号：ISBN 978-7-5168-4039-9	

定　　价：66.00 元

版权所有　　翻印必究

前 言

两点之间线段最短，这个道理同样适用于人生的旅程。立志，就像在生命的坐标系中确定了两个关键点：一个是我们当下的位置，另一个是我们渴望达到的目标。而连接这两个点的线段，就是最直接、最高效的道路。立志的过程，实际上是在为我们的人生绘制一条明确的成长路线。

自古以来，所有有志之士无不先立志，才有了后来卓越的成就。正如古人所说："立志而圣则圣矣，立志而贤则贤矣。"王阳明先生在十二岁时，曾向私塾先生发问："何为第一等事？"私塾先生回答说"读书登第"，认为这是人生的终极目标。而少年王阳明却反驳说："恐怕不是，应是'读书做圣贤'。"孔子回顾自己的一生时道："吾十有五而志于学，三十而立，四十而不惑，五十而知天命，六十而耳顺，七十而从心所欲，不逾矩。"其中的"三十而立"，正是确立志向的关键时刻。

无论是马克思立志"为人类幸福而工作"，孙中山立志"推翻清朝，创建民国"，朱德立志"报效国家"，还是周恩来立志"为中华之崛起而读书"，这些伟大的志向最终塑造了他们非凡的人生。

虽然圣贤们的学术观点各不相同，但"立志"却是他们一致推崇的核心理念。正如朱熹所说："为学须先立志。志既立，则学问可次第着力。立志不定，终不济事。"王阳明也曾言："志不立，天下无可成之事，虽百工技艺，未有不本于志者。"苏东坡则感慨："古之立大事者，不惟有超世之才，亦必有坚忍不拔之志。"唐代诗人王勃也曾说："穷且益坚，不坠青云之志。"

每个人未来的职业、岗位和工作地点虽然都不是确定的，但在修身、齐家、治国、平天下的框架下，立志是每个人都应该做的事情。立志并非圣贤的特权，普通人也可以通过立志实现自我突破。然而，立志从来不是一件轻而易举的事。韩非子曾说：

"志之难也，不在胜人，在自胜也。"孟子则强调："心之官则思，思则得之，不思则不得也。"这些话揭示了立志的本质——立志是个人内心深处的决定，无法通过教导或考试来衡量，只有自己能够为自己立志。

一旦有了明确的志向，人生的道路便不再迷茫；志向一旦确立，前进的动力便油然而生；有了远大的志向，原来的所谓成长的天花板也将不复存在。

如果没有足够的内心能量积累，志向也会变得不牢固，犹如用沙子筑坝，遇到洪水般的困难时，瞬间就会崩塌。圣贤们的经典语录与思想，能够帮助我们增强内心力量，提升自信与毅力。本书精选了关于立志的经典名言，并结合编者自身的体悟进行了注释与解读，旨在帮助读者更好地看清世界、看清自己。希望这本书能够助力更多人的成长，引领他们迈向成功的道路。

目 录

第一章　立志的基础 001

　第一节　立志的重要性 001

　第二节　伟大出自平凡 004

　第三节　数风流人物，还看今朝 006

第二章　立志的步骤及方法 008

　第一节　梦想 008

　第二节　立志 011

　第三节　勤学 013

　第四节　改过 015

　第五节　责善 018

　第六节　志的基点 021

　第七节　立志仪式 024

第三章　修身与成长之道 027

　第一节　修身齐家治国平天下 027

　第二节　我与世界的互动 030

　第三节　看世界的方法 033

　第四节　家国天下 036

第四章　立志用功的方法

第一节　师说 038
第二节　尧舜十六字心诀 041
第三节　以百姓心为心 044
第四节　感恩 048
第五节　与父母及家人的关系 051
第六节　交友 054
第七节　谦虚 057
第八节　精诚之心 060
第九节　时时责志 063

第五章　磨砺与成长指标

第一节　金之在冶 066
第二节　生于忧患 069
第三节　自知与自胜 071

第六章　德与生命价值

第一节　德 073
第二节　和 078
第三节　生命价值 081
第四节　自我评价 085

第七章　常见的成长疑问

第一节　为什么进步慢 087
第二节　用功是否在正确道路上 090
第三节　困忘志 093
第四节　悬空 096

第八章 立志的实践榜样 099
第一节 王守仁（王阳明）..099
第二节 袁隆平的梦想与实践..102

第一章　立志的基础

第一节　立志的重要性

季路[1]问事鬼神。子[2]曰："未能事人，焉能事鬼？"曰："敢问死？"曰："未知生，焉知死？"

——《论语》

为仁由己。

——《论语》

我命由我不由天！

——〔宋〕张伯端

命由己造，相由心生，境随心转，有容乃大。

——佛家偈语

若以色[3]见我，以音声求我，是人行邪道，不能见如来[4]。

——《金刚经》

命由我作，福由己求！

——《了凡四训》

---

[1] 季路：即子路。
[2] 子：孔子。
[3] 色：指的是一切有形有色的现象。
[4] 如来：智慧之意。

天生我材必有用。

——〔唐〕李白

人生就像骑自行车，要保持平衡就得往前走。

——〔美〕爱因斯坦

自己的命运应由自己创造，而且应该绝对排除虚伪和坏事。

——〔俄〕契诃夫

在漫长的人生旅程中，或是风平浪静，或是波涛汹涌，我们每个人都可能会面临各种考验。过去人们常常寄希望于冥冥中的神灵，祈求神明护佑，希冀命运有所改变。但我们需要重新思考，命运是否掌握在我们自己的手中？命运的根本，不在于他人，而在于自己。无论身处何种境遇，真正能决定命运的，唯有自身的意志与努力。

人生如同一场旷日持久的跋涉，每一步脚印都是个人选择的印记。每一个梦想的实现、每一个目标的达成，都是日积月累的结果。正如植物在阳光和水分的滋养下才能蓬勃生长，人也需要通过行动和努力来滋养自己的生命。无论是学业、事业还是健康，没有任何外在的神秘力量能够替我们完成自己该做的事情，唯有亲自去经历，亲自去付出，才能收获真正的成果。

人生中不可避免地会遇到挫折和困难，这些时刻往往最能考验一个人的毅力和勇气。有人选择在挫折面前低头，将希望寄托于神灵的拯救，然而这种心态无异于放弃对命运的掌控。唯有那些在困境中不屈不挠、坚持奋斗的人，才能真正克服困难，战胜命运的挑战。面对生活的风雨，我们不应怨天尤人，而应保持内心的坚定，相信自己有足够的力量去改变现状。真正的英雄，是那些在困境中依然选择相信自己，勇敢向前的人。

归根结底，命运的真谛在于掌握自己，创造自己。在面对生活的种种不如意时，我们不应怨天尤人，而应以积极的态度迎接挑战。命运从不会偏爱那些依赖他人庇佑的人，它更青睐那些能够自我主宰、勇敢追梦的人。每一个人都有无限的可能，每一个平凡的今天都是迈向辉煌未来的基础。愿我们都能不负年华，以坚定的信念和不懈的努力去书写属于自己的人生篇章。命运在我们手中，幸福也应通过奋斗而得。让我们以无畏的态度迎接每一天，以实际的行动去掌握属于自己的未来。

请思考：

如果我不做作业，求神拜佛、祈求上帝，作业能自动完成吗？

如果我不学习，求神拜佛、祈求上帝，我的知识能增长吗？

如果我不工作，求神拜佛、祈求上帝，能有工资、奖金到手吗？

如果我不就医，求神拜佛、祈求上帝，身体的病痛能痊愈吗？

如果我不努力，求神拜佛、祈求上帝，幸福会从天而降吗？

如果我不思进取，求神拜佛、祈求上帝，能获得持久幸福吗？

……

自己是自己命运的主人，幸福都是自己奋斗出来的！

时间是人最重要的资产，自己的时间有效控制了吗？

碰到问题或困难，是求神拜佛，还是积极探索、积极奋斗呢？

第二节　伟大出自平凡

圣人之道，吾性自足，向之求理于事物者误也。

——〔明〕王阳明

一切众生，皆具如来智慧德相。

——《华严经》

完成伟大事业的人，起初并不伟大。

——〔美〕爱默生

把每一件简单的事做好就是不简单，把每一件平凡的事做好就是不平凡。

——张瑞敏

图难于其易，为大于其细。天下难事，必作于易；天下大事，必作于细……合抱之木，生于毫末；九层之台，起于累土；千里之行，始于足下！

——《道德经》

每天反复做的事情造就了我们，然后你会发现，卓越不是一种行为，而是一种习惯。

——〔古希腊〕亚里士多德

很多人对自己的资质心生疑虑，觉得自己的平凡与伟大无法并列。事实上，伟大并不是一开始就注定的，也不是天赋所能直接成就的。爱默生曾说，完成伟大事业的人，起初并不伟大。每一个取得杰出成就的人，最初也是普通的存在，他们并不具备特殊的才华或天赋，只是他们在无数看似平凡的时刻，选择了坚守，选择了超越自我，从而让生命在一点一滴的积累中变得不凡。

伟大并非遥不可及，伟大往往藏在每一个日常的细节之中，蕴藏在看似平凡的积累之中。圣贤们早已告知我们，真正的伟大是自我内在的挖掘，是自我潜力的开发。所谓"圣人之道，吾性自足"，并非一个遥不可及的理想，而是人人心中的一道光、一颗种子，它等待着在平凡的努力中绽放光芒、生根发芽。

要做到伟大，首先要做好平凡的工作。伟大的本质却常常隐藏在那些简单而重复的努力之中。张瑞敏先生说过，把每一件简单的事做好就是不简单，把每一件平凡的事做好就是不平凡。当我们投入精力于每一件看似普通的工作中，不断追求卓越，那些微小的改变便逐渐汇聚成了伟大的成就。

伟大不是一种天赋，而是一种态度。伟大的人并不因为现实的平凡而自怨自艾，而是通过对每一个当下的投入，赋予平凡以意义，赋予日常以厚度。他们将生活的每一个瞬间都视作机会，将每一次挑战都当作磨砺自己的契机，从而使自己一步步向伟大靠近。

伟大与平凡并非对立，恰恰相反，伟大源于平凡，平凡成就伟大。当我们能够接受自己的平凡，并愿意为每一天倾尽全力，我们就已身处走向伟大的道路之上。每一颗种子都有长为参天大树的潜力，每一个平凡的个体也都具备成就伟大的可能。我们只需不懈地努力，将每一件平凡的小事做到极致，就一定能在人生的某个瞬间，绽放出属于自己的光芒，成就属于自己的伟大。

第三节　数风流人物，还看今朝

时势造英雄！

——〔清〕梁启超

为天地立心，为生民立命，为往圣继绝学，为万世开太平！

——〔西晋〕张载

学者，学所以为人。

——〔西晋〕张载

既往不恋，当下不杂，未来不迎。

——〔清〕曾国藩

一个时代的精神，是青年代表的精神；一个时代的性格，是青年代表的性格。

——〔德〕马克思

青春不是年华，而是心境；青春不是桃面、丹唇、柔膝，而是深沉的意志、恢弘的想象、炽热的感情；青春是生命的深泉在涌流。

——〔美〕塞缪尔·厄尔曼

在历史的洪流中，每个时代都会涌现出无数杰出的人物，他们在各自的领域中留下了深刻的印记。然而，伟大的成就并不仅仅来自某些特定的英雄，而是来自每一个平凡而努力的生命。今天，风流人物不仅存在于史书的记载中，他们也存在于我们周围，存在于每一个为理想而奋斗、为社会作出贡献的人中。那些真正在时代中闪耀的英雄，不仅仅是因为他们抓住了时机，更是因为他们怀抱坚定的信念，勇敢地在挑战中前行。

学习和自我提升是人们不断追求卓越的方式。学习的根本目的是成为更好的人，完善自我，提升内在的品质和道德。

青春不仅是年龄的象征，更是内心的一种状态。它体现在内心的激情与无畏，体现在对未来的憧憬和对理想的坚持。无论年龄如何，只要拥有那份追求卓越的心态，每个人都可以在自己的人生中写下属于自己的传奇。在这个充满可能性的时代，风流人物无处不在，他们可能是那些默默无闻的建设者，也可能是那些在困境中依然坚持的人。只要心怀理想，敢于追梦，今日的每一个平凡人都可以成为未来的风流人物。

今天，我们看到那些坚持学习、勇于探索真理的人，看到那些在各自岗位上默默耕耘的人，他们都是这个时代的英雄。伟大从来不是天生的，而是在每一个平凡的日子中，一点一滴积累出来的。无论生活中面临怎样的困境，只要能够坚定信念，持续前行，伟大的力量就会在我们每一个人心中悄然滋长。那些风流人物，不在遥远的过去，他们就在我们的身边，在每一个普通而努力的人们当中。

在当今时代，英雄并非只属于历史篇章，他们就在我们周围，存在于每一个平凡岗位的坚守者之中。那些无论遭遇何种风雨都勇往直前的人们，正是这个时代最璀璨的星辰。只要我们每个人都能坚守自己的梦想，勇敢地迎接生活的每一个挑战，我们就能在时代的长河中留下自己独特的印记。数风流人物，还看今朝。让我们携手并进，以不懈的努力和坚韧不拔的精神，让这个时代因我们的奋斗而更加精彩。

第二章　立志的步骤及方法

第一节　梦想

梦想是灯塔，指引人生前进的方向。

——〔印度〕泰戈尔

世界上最快乐的事，莫过于为理想而奋斗。

——〔古希腊〕苏格拉底

天下大同。

——《礼记》

老吾老，以及人之老；幼吾幼，以及人之幼。

——〔战国〕孟子

我一直有两个梦想，一个是禾下乘凉梦，第二个是杂交水稻覆盖世界梦。

——袁隆平

等到自私的幸福，变成人生唯一的目标，人生就会变得没有目标。

——〔法〕罗曼·罗兰

梦想是我们内心深处的一道光，它如同远方的灯塔，始终指引我们走向未知的未来，穿越风浪、跨越崎岖，最终抵达心中的彼岸。无论身处黑暗抑或面对挑战，梦想总在静静地闪耀，给人们勇气与信念。它不仅是生命中最闪亮的存在，更赋予了每个人追求的意义。

梦想不只是属于伟人的礼物，也是我们每个人与生俱来的渴望。从孩童时代开始，杨利伟便有一个梦想，那就是飞向蓝天，像海鸥一样自由翱翔。无论是在大海边的嬉戏，还是在空军飞行学院的艰苦训练，他从未放弃对这一梦想的追求。直到2003年，他乘坐神舟五号飞船遨游太空，成为中国第一位航天员。那一刻，他不仅实现了个人的梦想，更为中华民族追逐太空梦想的篇章书写了崭新的一页。梦想如星辰大海，令人仰望、令人探索，它激励我们向上生长，去迎接未来的无限可能。

每一个梦想，或许一开始只是一个简单的愿望，像是藏在心底的秘密种子，需要一份机缘和一丝勇气将它唤醒。在实现梦想的旅途上，所有的波折、痛苦与挑战，都会成为迈向终点的阶梯。梦想是追求，是执着，是不断超越自我的旅程。它并不一定在最初就能清晰地呈现出来，有时，它是模糊的、遥远的，但正是这份不确定性，才赋予了它无尽的可能。因为梦想的道路是曲折的，才显得每一次突破都无比珍贵。

然而，梦想并不总是轻易能实现的。梦想需要行动，需要不懈的努力和对目标的坚定不移。袁隆平的杂交水稻研究，并非一帆风顺；杨利伟的飞天之旅，也经历了无数次的失败与困难。他们之所以成功，是因为他们没有在困难面前止步。他们用行动证明了，如果没有立志，梦想终将沦为梦幻泡影。梦想的实现，需要每一个人付出汗水和泪水，需要脚踏实地地去追逐每一步。即便梦想最终没有实现，但在追梦的过程中，我们却已经变成了更好的自己，那种在风雨中奔跑的姿态，就是梦想给我们的最好的馈赠。

有梦想的人生，才是有重量的人生。梦想是我们内心深处的信念，是对未来的渴望，是一种让我们活得更加深刻的力量。它不是虚幻的海市蜃楼，而是可以点燃我们灵魂的火焰。它让我们在迷茫中找到了方向，在失落中找到了希望，在前行中找到了意义。梦想的光芒，既照亮了我们前进的道路，也点燃了我们心中不灭的希望。

立志

　　让我们心怀梦想，无论它多么微小或多么宏大，无论实现它需要多长的时间。因为有梦想的地方，就有希望，就有力量。每一步的前行，都是在靠近梦想的彼岸。即使道路曲折、充满坎坷，只要心中的梦想仍在闪耀，我们就能迎着风雨，一路向前，迈向属于自己的辉煌未来。

我儿时的梦想是什么？
我现在的梦想是什么？
我下定决心，为自己的梦想而奋斗了吗？

第二节　立志

　　志不立，天下无可成之事，虽百工技艺，未有不本于志者。今学者旷废隳（huī）惰（duò）[1]，玩岁愒（kài）时[2]，而百无所成，皆由于志之未立耳。故立志而圣，则圣矣；立志而贤，则贤矣。志不立，如无舵之舟，无衔之马，漂荡奔逸[3]，终亦何所底乎？

　　昔人有言："使为善而父母怒之，兄弟怨之，宗族乡党贱恶（wù）[4]之，如此而不为善，可也。为善则父母爱之，兄弟悦之，宗族乡党敬信之，何苦而不为善、为君子？使为恶而父母爱之，兄弟悦之，宗族乡党敬信之，如此而为恶，可也。为恶则父母怒之，兄弟怨之，宗族乡党贱恶之，何苦而必为恶、为小人？"诸生念此，亦可以知所立志矣。

——〔明〕王阳明

　　不要只因一次失败，就放弃你原来决心想达到的目的。

——〔英〕莎士比亚

　　穷则变，变则通，通则久。

——《易经》

---

[1] 旷废隳惰：旷废学业，堕落懒散，贪玩而荒费时日。
[2] 玩岁愒时：指贪图安逸，旷废时日。
[3] 漂荡奔逸：随水漂流，任意奔逃之意。
[4] 贱恶：轻视厌恶之意。

立志

　　立志，指的是自己立志，而不是学习有关他人立志的信息。

　　人因为有梦想而带来希望与动力。往往越大的梦想，需要越长时间的努力才能实现。而立志，就是朝着梦想与志向前进的强大动力。

　　立志可以没有宣誓，但不能没有强大的内心力量。

　　立志不仅仅是一次宣誓、一个时间点上的行动，而是由梦想引发的立志、勤学、改过、责善的系列行动组成的。"梦想→立志→（勤学、改过、责善）→梦想"就可构成实现梦想的路径，如下图示：

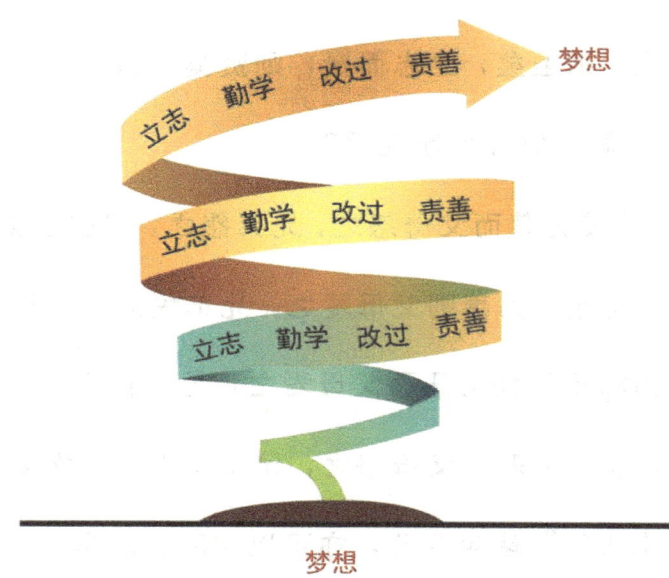

　　我是否已经立志？
　　我究竟立下了怎样的志向？
　　当我开始思考和探索自己的志向时，实际上已经迈出了立志的第一步。
　　接下来，行动吧！

第三节　勤学

已立志为君子，自当从事于学。凡学之不勤，必其志之尚未笃[1]也。从吾游者，不以聪慧警捷[2]为高，而以勤确谦抑[3]为上。诸生试观侪（chái）辈[4]之中，苟[5]有虚而为盈[6]，无而为有，讳己之不能[7]，忌人之有善，自矜自是，大言欺人者，使其人资禀虽甚超迈，侪辈之中，有弗疾恶之者乎？有弗鄙贱之者乎？彼固将以欺人，人果遂为所欺，有弗窃笑之者乎？

苟有谦默自持，无能自处，笃志力行，勤学好问，称人之善，而咎己之失[8]，从人之长，而明己之短，忠信乐易，表里一致者，使其人资禀虽甚鲁钝，侪辈之中，有弗称慕之者乎？彼固以无能自处，而不求上人，人果遂以彼为无能，有弗敬尚之者乎？诸生观此，亦可以知所从事于学矣。

——〔明〕王阳明

吾日三[9]省吾身！

——《论语》

---

1 笃：坚定。
2 聪慧警捷：聪明伶俐，机智敏捷。
3 勤确谦抑：勤奋、志向明确、谦逊、自律。
4 侪辈：同辈，朋辈。
5 苟：假使。
6 虚而为盈：没有或空虚，却装作有、充盈。
7 讳己之不能：忌讳别人说自己的缺陷，故意隐藏自己的短处。
8 咎己之失：反省、责备自己的过失。
9 "三"在古汉语中常常不是用来表示具体的数目，而是泛指"多"或"多次"。这种用法在古代文献中十分常见，体现了古人的一种语言习惯和文化传统。

立志

　　勤学是一条使内心丰富、精神高远的道路。这条路虽然不易走，却令人感受到无尽的丰盈与充实。学问并非仅是为了满足世俗的荣耀与地位，而是为了超越内在的浅薄、成就自我心灵的升华。我们于漫漫学海中踏浪而行，离不开勇气、毅力，更需持久的勤奋与谦逊的自我反省。勤学的意义，正如溪流之于山谷，日积月累终成大河；又如微光之于黑暗，不懈照亮前行之路。只有将学问贯通于实践与内心，方能实现理想中的自我。

　　勤学，不仅是学问的积累，更是心性的修持。那些看似聪颖，却骄傲自大、不肯反省自我的人，或许可以短暂地获得周围人的钦羡，但很快便会因其内心的空虚而逐渐失去光芒。相反，那些看似资质平凡，甚至可能笨拙迟钝的人，却因勤奋刻苦、自省自律而成为众人敬仰的对象。他们谦默自守、勤学不辍，时时称赞别人的长处，深刻反思自己的不足，以持之以恒的态度去学习和改进自己。他们深知，学问在于持之以恒，而不是凭借一时的灵感和机智。在这条路上，他们不断追求自我的完善，并用自己的努力去证明，即使资质有限，也可以通过不断努力而成就不凡。

　　勤学的真正意义还在于它教会我们如何与自己相处，如何看待他人。那些谦虚自持的人，即便不在乎他人的看法，也能够从容地面对内心的缺陷和短板，将它们看作是需要努力改进的地方，而不是羞于提及的不足。人若能以无能自处，而不去追求超越他人的虚名，反倒可能赢得别人发自内心的敬重。因为真正值得人们敬仰的，不是你在某一领域的突出表现，而是你那份不求回报、始终如一的努力。勤学的意义不仅仅是为了知识的积累，而是为了让我们成为更好的自己。愿我们每个人都能在勤学这条道路上不断前行，成为一个内心丰富、精神高远的人。

我要成为什么样的人？
我是否已经为此而开始勤学努力？我有哪些具体的计划？

第四节 改过

君子以见善则迁,有过则改。

——《易传》

夫过者,自大贤所不免,然不害其卒为大贤者,为其能改也。故不贵于无过,而贵于能改过。

诸生自思,平日亦有缺于廉耻忠信之行者乎?亦有薄(bó)[1]于孝友之道,陷于狡诈偷刻之习者乎?诸生殆不至于此。不幸或有之,皆其不知而误蹈,素无师友之讲习规饬(chì)[2]也。

诸生试内省,万一有近于是者,固亦不可以不痛自悔咎。然亦不当以此自歉[3],遂馁(něi)[4]于改过从善之心。但能一旦脱然洗涤旧染,虽昔为盗寇,今日不害为君子矣。若曰吾昔已如此,今虽改过而从善,将人[5]不信我,且无赎(shú)于前过[6],反怀羞涩疑沮,而甘心于污浊终焉,则吾亦绝望尔矣。

——〔明〕王阳明

---

[1] 薄:看不起;怠慢。
[2] 规饬:以正言劝诫。
[3] 自歉:自我愧疚、不可自拔。
[4] 馁:失掉勇气。
[5] 将人:别人。
[6] 无赎于前过:无法补救以前的过失。

> 苦海无边，回头是岸。
>
> ——〔南宋〕朱熹

> 浪子回头金不换！
>
> ——张恨水

古往今来，人之伟大从未体现在绝无过错，而是在于有错而知，知错而改。人并非生来完美，世间也没有无过之人，即便是贤者圣人，也曾有迷失方向的时候。王阳明先生曾说，真正的大贤之所以伟大，不在于他们从未犯错，而在于他们敢于正视自己，勇于改过。君子见善而迁，有过则改，这是君子之道，是成就道德的基石。

每个人在生活中或多或少都会有所过失，这些过失可能是在与人交往时的怠慢无礼，可能是对廉耻之行的懈怠，也可能是对诚信的失守。然而，过错的出现并不可怕，可怕的是在面对它们时的逃避与麻木不仁。正如王阳明所说，犯错并非不可宽恕，真正的问题在于我们是否在犯错之后止步不前，放任自己沉溺于过去的污浊，终日自怨自艾，失去改变的勇气。

	自己知道	自己不知道
他人知道	公开 勇于改过	自己的盲区 请他人为自己责善后改过
他人不知道	隐私 反省、忏悔、改过	努力学习、觉知

真正的勇士从不怕面对自己的错误，而是敢于改变自己。浪子回头，金不换。曾经的错已然成为过去，无法改变，但未来却依然在我们手中。那些有勇气回头的人，或许他们曾陷入过泥泞，但他们选择了摆脱过去的污浊，重新追寻光明。这种抉择的勇气，远比从未犯错更加珍贵。人心向善，便如春风化雨，能够洗去一切污浊，使得

灵魂重获新生。改过，并非一种羞耻，而是人类灵魂升华的过程，是对善良和正义的坚守。

改过从来都不是一个孤独的过程，它需要我们坦然面对过去的自己，聆听内心的呼唤。或许，这个过程是痛苦的，是充满阻力的，但也正因为如此，改过的过程显得格外珍贵。痛苦是我们改过过程中所必须面对的考验，而这种考验正是我们自我成长、自我升华的重要途径。正如溪流穿过山谷，虽有乱石阻挡，但终究能汇入大海，找到自己的广阔天地。人生的改过之道，亦是如此。

改过，并非一个简单的字眼，而是人类最为可贵的品格之一。它是一种力量，一种由内而外的觉醒，一种对于更好的自我的渴望与追求。知错能改，是人性中最为光辉的部分，是走向善良和美好人生的必由之路。愿每一个人，都能有勇气面对自己的错误，有力量改过自新，最终走向一条光明、坦荡的人生之路。

回顾过去，我曾犯下哪些严重的过错？我应该如何应对？
为了避免重蹈覆辙，我将采取哪些具体措施？

第五节 责善

"责善，朋友之道"；然须"忠告而善道之"，悉其忠爱，致其婉曲，使彼闻之而可从，绎之而可改，有所感而无所怒，乃为善耳。若先暴白其过恶，痛毁极诋，使无所容，彼将发其愧耻愤恨之心；虽欲降（jiàng）以相从，而势有所不能。是激之而使为恶矣。故凡讦（jié）人之短，攻发人之阴私以沽（gū）直者，皆不可以言责善。虽然，我以是而施于人，不可也；人以是而加诸我，凡攻我之失者，皆我师也，安可以不乐受而心感之乎？某于道未有所得，其学鲁莽耳。谬为诸生相从于此，每终夜以思，恶且未免，况于过乎？人谓"事师[1]无犯无隐"，而遂谓师无可谏，非也；谏师之道，直不至于犯[2]，而婉不至于隐耳[3]。使吾而是也，因得以明其是；吾而非也，因得以去其非。盖教学相长也。诸生责善，当自吾始。

——〔明〕王阳明

以责人之心责己则寡过，以恕己之心恕人则全交[4]。

——〔明〕《增广贤文》

---

1 事师：与老师交往。
2 直不至于犯：坦诚而又不至于恶言冒犯。
3 婉不至于隐耳：委婉的态度而不是隐讳不说。
4 全交：保全友谊。

责善,源于古代儒家的至诚智慧,是为人之道中不可或缺的部分,是朋友之间相互扶持、共同走向更美好的体现。责善既需真诚,又需技巧;既需心怀大爱,又需智慧婉转,使人在自省中生出改变的动力,而非因愤怒和羞愧而闭锁心门。唯如此,责善才成为真正的善。

朋友之间的责善,犹如镜子相对,彼此映照,从对方的言行中看到自己的不足与瑕疵,以期在这样的互动中不断精进自身。王阳明曾言,责善须怀有"忠告而善道之"的态度,以恳切的言语,将自己对朋友的关怀与期望,委婉而明白地表达出来。这是一种基于爱与尊重的态度,真正的责善不是为了彰显自己的优越感,而是为了帮助对方成为更好的人。只有当我们将自己的意图与朋友的尊严融合在一起,才能使对方在感受到自身不足的同时,依然感受到被爱与被尊重,而非仅仅体会到过失带来的挫败与羞耻。

一旦过于激烈,直白地指出朋友的错误,未曾顾及对方的情感,责善就会变成无情的鞭笞,使朋友在羞愧与愤怒中迷失,甚至走向对立与隔阂。当我们以一种居高临下的态度,痛斥对方的不足而无所顾忌,责善便失去了它应有的温度,成为激怒人心的导火索。于是在责善中,表达方式与情感的细腻至关重要——若先摧毁其自尊,使对方无所容身,甚至引发其羞愧与愤怒,即便有心改过,也会因情绪上的负面反应而丧失意愿与能力。责善的目标是修补而非破坏,是疗愈而非惩罚。因此,责善需温和而不懦弱,直率而不冒犯。

真正的责善往往需要站在对方的角度,换位思考,既不夸大对方的错误,也不过度解读细微的不足,而是以真挚的心情和谦和的态度去沟通。古训有言:"凡攻我之失者,皆我师也,安可以不乐受而心感之乎?"对于别人指出我们的缺点与不足,我们应视为学习与成长的机会,感谢对方帮助我们看到盲区。这种态度不仅是一种谦虚的表现,更是对责善的尊重与理解。每个人的自省能力皆有其局限,当朋友以善意为镜,映照出我们的不足时,正是在帮助我们认识自我、完善自我。因此,责善并非单向的施予与接受,而是一种互相帮助、互相成就的关系,是朋友之间彼此扶持、共同提升的过程。

责善应从自身做起，正如王阳明所言，"诸生责善，当自吾始"。在责善他人之前，我们应首先责善自己，反省自身的行为是否有足够的善意，言语是否妥当，态度是否真诚。若连自己都未曾做到善行与自省，又怎能要求他人？只有不断责善自身，我们才会在对待朋友时，懂得怎样以更加宽容、更加温和的方式，去劝导他人走向更好的自己。责人之善若过于激烈，实则是在标榜自己道德上的优越；而只有以责己之心责人，我们才能心怀谦卑，真正做到"忠告而善道之"。

责善，不仅仅是一种表达，更是一种深刻的关怀，是对他人心灵的触摸，是对彼此人格的成全。它是一面镜子，映照我们的不足；它是一盏明灯，照亮我们前行的道路。责善是一种高尚而温暖的行为，需要在心怀善意的前提下，保持温和与尊重，以关切的言语引导对方反思与改变，真正做到"善道之"。朋友之间，唯有以真心责善，以宽容待人，才能在人生的路途中，互相成就，共同迈向更高的精神境界。在责善中，我们不断认识自己、修正自己，也在这个过程中，领略友情的珍贵与温暖。

第六节　志的基点

志于道德者，功名不足以累其心；志于功名者，富贵不足以累其心。但近世所谓道德，功名而已；所谓功名，富贵而已。"仁人者，正其谊不谋其利，明其道不计其功。"一有谋计之心，则虽正谊明道，亦功利耳。

——〔明〕王阳明

不忘初心，而必果本愿也。

——〔唐〕白居易

季康子问政于孔子。孔子对曰："政者，正也。子帅以正，孰敢不正？"

——《论语》

子曰：其身正，不令而行；其身不正，虽令不从。

——《论语》

人生如船，志向是帆。无论船行何处，帆的高度决定了航行的距离。人们常说，立志是人生成长的起点，而什么样的志向，则决定了人生走向何方。正如王阳明所说："志于道德者，功名不足以累其心；志于功名者，富贵不足以累其心。"不同层次的志向如同不同高度的帆，决定了我们看待世界的视角与实现自我的格局。

曾有一个有趣的笑话流传：一个人问放羊的孩子为什么放羊，孩子回答说放羊挣钱，再问为何挣钱，回答是为了娶媳妇，继续追问为何娶媳妇，孩子说是为了生娃，最后问生娃的目的，孩子回答为了让孩子继续放羊。这番对话看似简单，却揭示了许多人在生活中的困境。倘若一个人的志向只是简单地围绕个人需求、满足眼前利益，这样的目标只会像圆环一样将人生困住，难以突破循环，无法找到更为广阔的生命意义。

不同的人，立志基点不同。有的立志于功名，成就不过是权力与名声的升华；有的立志于富贵，满足也仅是财物上的丰裕。然而，唯有志于道德的人，才拥有无限的可能与开阔的未来。志向决定了我们一生所能承受的责任和使命，决定了我们如何定义成功与幸福。倘若志向太小，如同一只虫蛹在小小的树洞中挣扎，一年达到一个目标，接着又匆匆忙忙地设立新的目标，如此这般，生命不过是由一条条短短的线段拼接而成，毫无连贯与完整感。只有伟大而长远的志向，方能使人生的轨迹化为一条无尽的直线，勇往直前，超越自我。

以医生为例，不同立志的基点如下表：

志于	示例	是否有天花板
道德	立志救死扶伤、解决民众的疾病痛苦	无天花板
功名	立志成为国家级的主任医师	成为国家级主任医师后，就无动力
富贵	立志成为名医挣大钱	挣到一定的钱后，就无动力

不忘初心，方得始终。白居易曾说："不忘初心，而必果本愿也。"在追求志向的过程中，人们往往会面对各种诱惑和干扰，唯有坚守初心，才能在物质的浮华中保持内心的宁静与专注。不论是道德的追求，还是对功名与财富的向往，我们都需要在内心深处反复叩问，什么才是我们真正追求的目标？什么样的志向，才能让我们的人生不虚度而有意义？只有那些志向高远且与人类福祉紧密相连的人，才能在生命的旅程中不断进步，永不止步。

人生的意义不在于一时的名利与富贵，而在于为更大的目标而不断追求与奋斗。立志于道德，不仅是为修己身，也是为天下立心；立志于功名与富贵，未尝不可，但当目光只停留于此,便会失去生命的广度与深度。愿我们每个人都能志存高远,不为名利所困,不为欲望所累,在追求卓越的路上坚定前行,以宽广的胸怀与无畏的勇气,走出属于自己的人生之路。

我是否有志?

我立的志是以什么为基点?

第七节 立志仪式

立志,是人生旅途中的一盏明灯,它指引着人们在迷茫时找寻方向,催促着我们在停滞不前时迈出坚定的步伐。立志仪式,作为立志过程中的一个正式节点,它不仅是目标的宣告,更是一种内心力量的觉醒与凝聚。

在立志仪式前,个体往往需要经历一段深入的自我探寻和心灵能量的积累过程。

梦想的萌发,有时并不仅仅源于美好,反而可能是在面对不公和困境时的抗争。那些不美好的情境像是破晓前的黑暗,孕育了人们对改变的渴望。人们的志向,往往会在不满与不甘中获得最强的推动力。一个人内心的梦想一旦与责任感交织,便会生成无比强大的驱动力,这种动力不会因为时间的流逝而消散,相反,它会不断升温,化为前行的力量。一个人之所以能坚定地立志,是因为他心中有一个可以为之奋斗终身的愿景,有一个不断自问后仍然坚定回答"是"的理想。

立志并不仅仅是一个念头的萌芽,它需要不断积蓄心灵能量作为支撑,没有这种深厚的积淀,立志就如同沙堤一样,一遇洪水便会崩溃。这种能量的积累,常常通过对经典的诵读和对文化精髓的理解来实现。经典的语言,蕴含着人类文明的智慧与力量,每一段经典的文字,都是对心灵的一次洗礼。它让我们看到了人类历史中的坚定与不屈,也让我们找到了属于自己的力量之源。在这积累的过程中,个人对目标的理解愈加深刻,内心的信念愈加坚定,立志的过程也愈加自然顺畅。

立志仪式的举行,正是这些能量与目标的一次庄严的宣告。仪式是个人成长的催化剂,是价值观传递与内化的桥梁,更是社会责任感与文化传承的承载者。在立志仪式中,个体不仅仅是宣告自己对目标的追求,同时也在这一庄严的仪式中与文化和社会责任紧紧相连。

立志仪式固然重要,但更重要的是仪式之后的持之以恒和不断践行。立志仅仅是一个开始,只有通过实践中的不断磨砺,才能将心中的愿景变为现实。无论目标如何宏大或渺小，都需要一步一个脚印的去实现。那些立下的誓言，不仅是对未来的期许，更是对自己的鞭策。立志仪式之后，个体需要在每天的行动中不断靠近自己的目标，在一次次的努力中积累信念的力量。

立志示例

各位老师、各位同学、爸爸妈妈，我在此庄严立志：
　　我立志成为一名艺术家，用创造力和想象力丰富人们的生活。从今天开始，我将戒掉游戏，自愿将手机交由妈妈保管。请大家监督！

立志人：×××
×××年××月×日

苍天为鉴，大地为证，我在此庄严立誓：
　　我立志成为一名人民的好医生，全心全意为人民服务！

立志人：×××
×××年××月×日

苍天在上，大地在下，我在此庄严立下誓言：
　　我立志成为一名四有好老师[1]，为教育事业努力奋斗！

立志人：×××
×××年××月×日

苍天在上，大地在下，我在此庄严立下誓言：
　　我立志成为一名作家，用文字记录时代，传递正能量。

立志人：×××
×××年××月×日

---

[1] 四有好老师：指有理想信念、有道德情操、有扎实学识、有仁爱之心的"四有"好老师。

立志

日月可鉴、天地为证，我在此庄严立下誓言：

　　我立志成为一个独立自主、能够为社会创造价值的人！

立志人：×××
×××年××月×日

日月可鉴、天地为证，我在此庄严立下誓言：

　　我立志做一位好妈妈，成为孩子的榜样！从今天开始，我将多学习，少刷视频，不乱生气，多些耐心，请大家监督！

立志人：×××
×××年××月×日

第三章　修身与成长之道

第一节　修身齐家治国平天下

大学之道，在明明德，在亲（qīn）民，在止于至善。知止而后有定，定而后能静，静而后能安，安而后能虑（lǜ），虑而后能得。物有本末，事有终始。知所先后，则近道矣。

古之欲明明德于天下者，先治其国。欲治其国者，先齐其家。欲齐其家者，先修其身。欲修其身者，先正其心。欲正其心者，先诚其意。欲诚其意者，先致其知；致知在格物。物格而后知至，知至而后意诚，意诚而后心正，心正而后身修，身修而后家齐，家齐而后国治，国治而后天下平。自天子以至于庶（shù）人，壹是皆以修身为本。其本乱而末治者，否矣。其所厚者薄（báo），而其所薄者厚，未之有也！此谓知本，此谓知之至也。

——〔春秋〕曾子

先天下之忧而忧，后天下之乐而乐。

——〔北宋〕范仲淹

修身、齐家、治国、平天下，这四个层次是个人修行、家庭和谐、国家治理、世界大同的逐层推进，是一个由内而外的成长过程。这种人生追求从个人的修养开始，最终走向普天下的和谐，是千百年来古人智慧的结晶，也是每个人成就自己和贡献社会的理想途径。

修身，是一切之本，是生命的起点。每个人的成长过程，最初都由自身的身心修养开始。修身并非单纯追求个人的幸福，而是对自己的不断超越，是一种内在的精进与修为。修身意味着明了内心的阴暗面，理解自己的情绪，克服内心的欲望与不足，最终达到身心和谐的境界。身体和心理的健康，不仅是幸福生活的基石，也是齐家、治国、平天下的基础。只有心境宁静、身心健康的人，才能为家人带来温暖和力量。正所谓"知止而后有定，定而后能静"，修身不仅需要不断反省与提升，还要静心沉淀，从内而外不断完善自己，才能在面对生活的风雨时，做到无所畏惧，心如磐石。

齐家，是个人成长的自然延伸，也是修身的实践舞台。家，是人生的第一个小社会，是理解、责任与爱的所在。齐家不仅是让家人生活幸福，更是在家庭中实现修身成果，成为家庭和谐的奠基者。家是修身的镜子，也是心灵的港湾，在齐家的过程中，我们学会爱与宽容，学会担当与奉献，从而在这个过程里不断提升自己。家人之间的和谐与幸福，是一种无言的传承，更是对修身的真正检验。一个家庭的幸福，既源于成员之间的互相关爱，也源于每个成员在道德和精神上的修养。只有当个人的修为达到一定的境界，才能对家庭产生正面的影响，使家庭成为幸福的共同体。

修身齐家后，个人的影响不应仅止于家庭，而应扩展到更广阔的社会层面，这便是治国之道。治国并不仅仅是国家领导者的责任，还是每一个公民的义务与责任。作为社会的一分子，每个人在各自的领域里，都应积极履行自己的职责，以己之身推动社会的进步与发展。在这个过程中，我们应以修身、齐家的成果，去影响更多的人群，以正直、公正和慈爱之心，为社会贡献力量。治国之道，其实就是在更大的群体中实现自我价值，为社会带来正能量，成为社会和谐的推动者。正如范仲淹所言的"先天下之忧而忧，后天下之乐而乐"，治国需要一种先人后己的大爱与责任感，只有这种大公无私的精神，才能为社会注入真正的和谐与安宁。

平天下，是治国的升华，是一种对人类整体的关怀与追求，是最终走向世界大同的理想。平天下的愿景不仅是为了国家的兴旺，也是为了世界的和平与发展。平天下要求我们突破自我与家庭、社会的界限，将眼光投向更广阔的人类整体。我们生活在同一个地球村，地球的命运与每一个人息息相关，任何一处的不和谐都会对整体产生影响。因此，平天下是以慈悲心普度众生，是以博爱精神惠及世界，是每个在修身、齐家、治国过程中获得成长的人们，最终应该为之奋斗的目标。

修身、齐家、治国、平天下，这是一条由内而外、由小及大的成长路径。修身，是提升自我；齐家，是关爱家庭；治国，是造福社会；平天下，是造福世界。这四者并非截然分离的阶段，而是相互交织、相辅相成的整体。修身、齐家，是治国、平天下的基础，治国、平天下是修身齐家的升华。每个人的一生中，可能无法完成所有的理想，但我们应不断追求心灵的净化与道德的提升，不断用自身的行动去影响周围的人，造福家庭，贡献社会，最终为世界的大同与和谐而努力。

修身、齐家、治国、平天下，体现了古人对人生意义的深刻理解。无论时代如何变化，这条道路依然是每个人实现自我、贡献社会的不朽指南。未来，通过修身，我要成为一个心灵纯净、德行高尚的人；通过齐家，我要成为一个温暖家庭、关爱他人的人；通过治国，我要成为一个责任在肩、惠及社会的人；通过平天下，我要成为一个胸怀天下、促进和平的人。修身、齐家、治国、平天下，不仅是对古老智慧的传承，更是每个现代人对幸福人生与社会进步的执着追求。

请结合自己的梦想思考：

未来，通过"修身"，我要成为一个_____的人。

未来，通过"齐家"，我要成为一个_____的人。

未来，通过"治国"，我要成为一个_____的人。

未来，通过"平天下"，我要成为一个_____的人。

我能时刻保持幸福、快乐的心情吗？
我为自己的身体与心理健康而奋斗了吗？

第二节　我与世界的互动

如来说世界，即非世界，是名世界。

——《金刚经》

世界不是既成事物的集合体，而是过程的集合体。

——〔德〕恩格斯

共同体范式，是描述个人在世界中与他人或环境互动的模式。在现实的世界中，无论是在某个特定的时间、空间，还是在某个领域或事件中，"我"与具体的实践主体（以符号"⊙"表示）之间的关系都可以被视作一种相互影响、相互作用的过程。这个互动过程会产生一定的结果，我们称之为"果"。这种结果不仅影响到"我"，也会对"⊙"产生进一步的影响，如此循环往复，从而形成了一种动态的互动关系。

[我] ←--→ [⊙] ➡ [果]

在共同体范式中，这种互动所产生的"果"可以按照不同的类型来进行区分。按结果的性质来分，可以分为物质方面的结果和精神方面的结果。物质方面的结果简称为"物上果"，它可以理解为通过互动产生的物质或实质上的变化，例如收入、财产、物质收获等。而精神方面的结果，则被称为"心上果"，它反映了互动过程中所带来的心理和情感上的变化，例如幸福感、满足感、情绪的变化等。

共同体范式

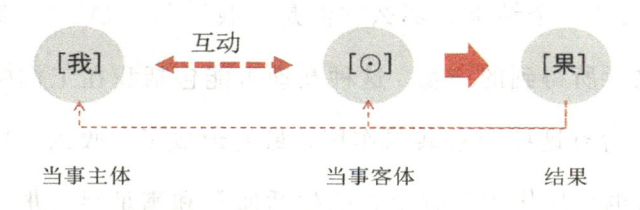

[我] ←互动→ [⊙] ➡ [果]

当事主体　　当事客体　　结果

我与世界互动的示意图

此外，结果还可以按照主体来进行区分，可以分为"我的果"与"⊙的果"。具体来说，互动产生的结果可以进一步细分为四个方面："我的物上果""我的心上果""⊙的物上果""⊙的心上果"。这样，我们就能够更加清晰地看到互动过程中双方在物质层面和精神层面所发生的变化，并理解这些变化如何互相作用、影响。

[果] 按主体、客体分

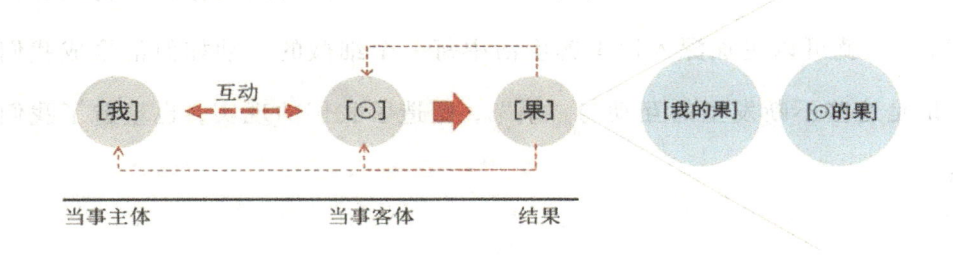

[我] ←互动→ [⊙] ➡ [果]　　[我的果]　[⊙的果]

当事主体　　当事客体　　结果

[果] 按结果类型分

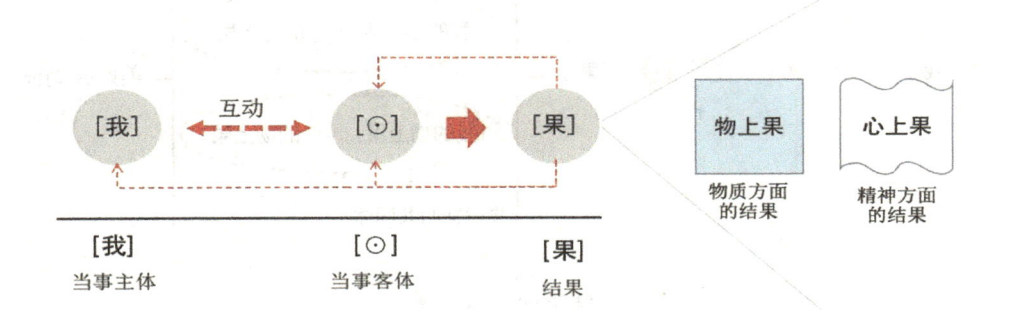

[我] ←互动→ [⊙] ➡ [果]　　物上果　　心上果
　　　　　　　　　　　　　　　物质方面　精神方面
[我]　　　　[⊙]　　　　[果]　　的结果　　的结果
当事主体　　当事客体　　结果

031

为了更好地理解这一范式，可以通过以下几个实际生活中的例子来进行说明。

假如我的收入是一个结果，那么它便是"我"与"⊙"（即我的工作环境或者现实世界）互动之后所得到的产物。这种互动可能包括我在工作中的付出、努力与上级或团队的协作，所有这些因素共同作用，最终形成了"收入"这个"物上果"。与此同时，这个收入也会反作用于我个人的生活质量和满足感，进一步影响我对工作的投入和态度。

家庭的幸福感是一个"心上果"，它是"我"与"⊙"（即家庭成员）之间互动的结果。在日常生活中，家人之间的关爱、理解、包容，以及共同面对生活挑战的过程，都会影响到每个家庭成员的幸福感。这里，"我"通过关心家人、为家庭付出而影响到其他成员的感受，同时我也会因为他们的回应而感受到温暖与满足，这便是"心上果"的典型表现。

共同体范式为我们理解人与世界之间复杂的互动提供了一种框架。通过将每一个互动分解为"我"与"⊙"之间的作用，并进一步分析这些作用在物质和精神层面的影响，我们就可以更加深入地理解生活中每一个细微的互动如何汇聚成我们的人生经历。正是这些不断发生的互动与"果"，塑造了我们的现实，也塑造了我们与世界的关系。

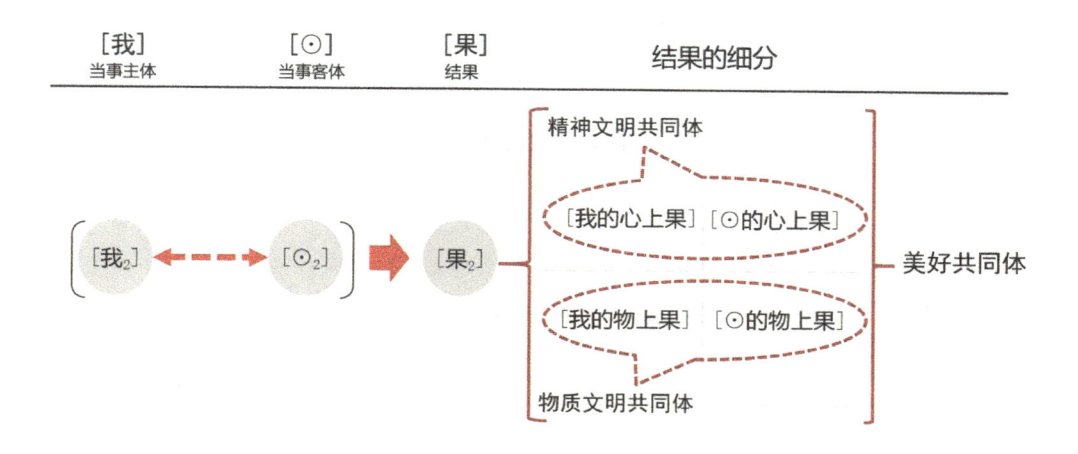

结果细分示意图

第三节　看世界的方法

以目观物，以心观物，以无心观物。

——《皇极经世书》

运动是绝对的，静止是相对的。

——〔美〕爱因斯坦

物质是标志客观实在的哲学范畴，这种客观实在是人通过感觉感知的，它不依赖于我们的感觉而存在，为我们的感觉所复写、摄影、反映。

——〔俄〕列宁

观念的东西不外是移入人的头脑并在人的头脑中改造过的物质的东西而已。

——〔德〕马克思

君子不以言举人，不以人废言。

——《论语》

孩子害怕黑暗，情有可原；人生真正的悲剧，是成人害怕光明。

——〔古希腊〕柏拉图

看世界的方法，既是一种智慧的体现，也是一场心灵的修行。世界如同一面镜子，映射着每一个观察者的眼光，而我们的目光决定了我们看到的景象。看世界的层次，往往决定了人们对生活的理解和对生命的态度。人们看世界的方式，可以分为三个层次：以目观物，以心观物，以无心观物。这三种层次，宛如人生的阶梯，引领我们从最初的肤浅观察，到内心的深刻领悟，再到超越自我的客观之境。

以目观物，是我们最原始、最直观的方式。眼睛是心灵的窗户，透过它，我们可以接触世界的各种形态、颜色和细节，感受到万物的生动与鲜活。我们通过目光捕捉到的世界，是一片色彩斑斓的图景，似乎充满了真实和细节。然而，这种真实仅仅是表象。镜子里的自己与现实中的自己，是一模一样的吗？昨天的"我"与今天的"我"是否完全一致？我们目之所及的影像，往往受到主观经验的影响和视觉的局限。不同的人对同一物体的感受也各不相同，甚至同一个人，因心境和角度的变化，看到的世界也会截然不同。更何况，视觉只是一种感官形式，如果将之替换为味觉、触觉，世界是否依然如我们所见？这样看来，目光所见的世界，仅是无数可能性中的一种，是一层薄薄的幕布，无法穷尽万物的实质。

我们从单纯的感官体验中走出来，以心观物，便是迈入了更为深刻的层次。以心观物，是一种内心的体悟，是通过内心的思想和情感去理解外部的世界。在这个过程中，世界不再是一个冰冷的物质集合体，而是被赋予了生命的意义和情感的温度。然而，心灵的眼睛，同样容易受到个人经验、偏见、情绪的影响。我们对人和事物的评价，往往掺杂着个人的好恶，甚至夹杂着以往经验中的喜怒哀乐，这使得我们的判断不总是客观的。两个相似的人，哪怕是同一个受精卵分裂而来的双胞胎，也因不同的生活经历和性格特质而各自独特。我们所感知的每一个事物，也因我们的情感和思想而披上了不同的外衣。以心观物，让我们超越了表象，看到了更多的层次和联系，但这种观看仍然是不完美的，因为它不可避免地带有主观色彩。

真正超脱于个人经验与情感的看世界方式，是以无心观物。所谓"无心"，并非无感，而是抛开自我成见，带着一颗客观的心去看待世界，以一种超然的姿态去理解万物的本质。无心观物的境界，是实事求是的态度，是不受主观偏见与情绪困扰的澄澈之见。就像《皇帝的新装》中的皇帝，他因虚荣而丧失了对真实的判断力；又如《拔苗助长》中的农夫，他因急于求成，反而违背了自然的规律；再如东郭先生的盲目仁慈，这些故事都在警示我们，如果缺乏冷静、理性的判断，往往会陷入荒谬和困境。以无心观物，便是要克服这些人性的弱点，避免自我欺骗和浮躁，真正做到不偏不倚，公正而实事求是地对待每一个事物。

在无心观物的境界中，我们学会了去除浮华、放下偏见，用纯粹的眼光来理解这个世界，这是一种智慧的觉悟，也是一种生命的升华。"学了"不等于"学完了"、"做了"不等于"做完了"、"学历"不等于"能力"——这些看似简单的道理，恰恰是无心观物的精髓所在。我们需要不断磨炼自己的心性，避免被表面的知识和成果迷惑，而应追求真正的理解与掌握，追求心灵的自由和真实的认知。

从以目观物到以心观物，再到以无心观物，是一个不断超越的过程，是从个人感观到经验再到客观认知的升华。这三个层次，就如同人生的三个境界，引导我们逐渐深入地看待世界、认识自己。

看世界的方法，决定了我们理解世界的方式，决定了我们与世界的关系。从感官的表象到内心的领悟，再到无心的超然，我们不断学会如何真正地"看"世界，如何在这幅看似简单却又无比复杂的图景中，找到属于自己的路径。看世界的过程，也是认识自我的过程，是一条通往内在自由与外在和谐的道路。

第四节　家国天下

天下之本在国，国之本在家，家之本在身。

——《孟子》

怒发冲冠，凭栏处、潇潇雨歇。抬望眼，仰天长啸，壮怀激烈。三十功名尘与土，八千里路云和月。莫等闲，白了少年头，空悲切。

靖康耻，犹未雪；臣子恨，何时灭？驾长车，踏破贺兰山缺。壮志饥餐胡虏（lǔ）肉，笑谈渴饮匈奴血。待从头，收拾旧山河，朝天阙（quē）。

——〔南宋〕岳飞

科学无国界，科学家有祖国。

——〔法〕路易·巴斯德

家是最小的国，国是千万家。家是每个人生命的起点，是我们的栖息之所，是一切情感的源头。然而，家不仅仅是独立的个体空间，它是国家的一个小单元，是构成整个天下的基础。正如古人所说，"家之本在身，国之本在家，天下之本在国"，个人、家庭、国家、天下，彼此依存，互相支撑，形成了一个庞大而紧密的共同体。

情况	我	⊙	果
家	我	家里的其他人	
企业	我	企业里的其他人	
社区	我	社区里的其他人	
国	我	国家里的其他人	

家是血脉相连的地方，是人们心灵的港湾。而国家，则是这些港湾集合而成的浩瀚海洋。没有国的安宁与繁荣，便没有家的安逸与幸福。历史长河中，家与国常常面临风雨飘摇，正是无数普通人以小家的力量守护大国，成就了中华民族数千年的绵延不息。无论是烽火连天的战乱年代，还是和平建设的当下，那些舍小家为大家、舍个人为国家的人，正是这种家国情怀的生动体现。他们用行动证明了家国一体的真谛，也让这份情怀代代相传，历久弥新。

家是我们心灵的归宿，国是我们共同的信仰。让我们用自己的行动，去守护"小家"，去建设"大国"，让家国情怀在新时代焕发出新的光芒，让家与国的和谐共荣成为中华民族不断前行的动力源泉。

不爱自己的家，你爱哪个家？不爱家，你为什么安心在家、成家？
不爱自己的国，你爱哪个国？不爱国，你为什么享受这个国家公民的权利？

第四章　立志用功的方法

第一节　师说

古之学者必有师。师者，所以传道授业解惑也。人非生而知之者，孰能无惑？惑而不从师，其为惑也，终不解矣。生乎吾前，其闻道也固先乎吾，吾从而师之；生乎吾后，其闻道也亦先乎吾，吾从而师之。吾师道也，夫庸知其年之先后生于吾乎？是故无贵无贱，无长无少，道之所存，师之所存也。

嗟乎！师道之不传也久矣！欲人之无惑也难矣！古之圣人，其出人也远矣，犹且从师而问焉；今之众人，其下圣人也亦远矣，而耻学于师。是故圣益圣，愚益愚。圣人之所以为圣，愚人之所以为愚，其皆出于此乎？爱其子，择师而教之；于其身也，则耻师焉，惑矣。彼童子之师，授之书而习其句读者，非吾所谓传其道解其惑者也。

圣人无常师。孔子师郯（tán）子、苌（cháng）弘、师襄（xiāng）、老聃（dān）[1]。郯子之徒，其贤不及孔子。孔子曰：三人行，则必有我师。是故弟子不必不如师，师不必贤于弟子，闻道有先后，术业有专攻，如是而已。

——〔唐〕韩愈

---

[1] 老聃：老子。道家学派的创始人，著有《道德经》，也被称为《老子》。

世间有一种珍贵的精神，它连接了知识的传承，贯穿了人类的思想进步，那便是师道精神。求学之路漫漫无期，从古至今，学问的累积、道德的修养、思想的拓展，皆依赖于"师"之引领。对于一个人的一生而言，师道不仅仅是知识的传授，更是一种思想的塑造，是心灵的启迪，是对真理的追寻和对谬误的解惑。在这个急速变化的时代，师道精神愈显珍贵，它让我们得以在纷繁的信息中找到真实的方向，也使我们能够在精神的荒漠中汲取滋养的甘泉。

每个人从出生起，都是一张白纸，天真而无知。知识不是天生的，而是通过不断地学习和积累获得的。人类从来不是自学成才的个体，求知的过程中必定需要引路者。师者，便是那盏照亮求知路的明灯，将道理传授，将学业教授，将迷惑解答。

师道，是一种虚心求知的态度。在孔子看来，无论对方的地位尊卑、年龄大小，只要能给予我们启发的人，便可以成为我们的老师。三人行，必有我师，孔子以这种开放而谦逊的心态对待每一个人，以求从中找到智慧的火花。这种师道精神，是超越了年龄和身份的，是一种对真理的追寻。正因如此，孔子并不拘泥于是否比他年长或德高望重，郯子、苌弘、师襄、老子，皆成为他的师长。正是因为这种精神，使孔子成为被后世称颂的至圣先师，他的思想超越时代，历久弥新，影响着千百年来的世人。

师道的价值，不仅在于知识的传授，更在于心灵的塑造。在一个老师与学生之间的关系中，知识的传递只是表象，更深层次的是思想、人格和智慧的传递。真正的老师不是教授知识的工具，而是通过与学生心灵的互动，带领他们超越知识的表象，看到世界本质的人。学生在学习的过程中，领悟的不仅仅是课本上的条条框框，更是为人处世的态度，是对真理和美好事物的追求。正因如此，学问的传承从来不是一个机械的过程，它是心灵之间的碰撞，是智慧之间的交流，是生命在求真过程中的共鸣。

许多人在知识经济的驱动下，将师生关系简化为知识的交易，将师道精神埋没在利益的计算中。人们逐渐忘记，学习并不是单纯的获得技能，它更是对生命的探索，对未知世界的好奇。古之圣人尚且谦逊地向他人请教，我们这些凡夫俗子，又何以不愿虚心求学，不愿意尊重每一个可以教导我们的人呢？现代社会的变化越是迅速，我们越需要这种对知识的渴望和对师道的尊重，因为唯有如此，才能不断提升自身，超越原有的局限。

拜师求学，不仅是一种智慧的选择，更是对人类思想进步的责任。历史上的每一次文明跃升，背后都有师者无私的引导和求知者不懈的追求。亚里士多德是柏拉图的学生，而亚里士多德的学说又深刻影响了后来的科学家们，这种思想的传承是人类不断进步的重要源泉。在追求真理的路上，始终需要老师的指引，而老师的智慧亦在学生的成长中得以扩展和升华。老师与学生之间，不是单向的授受关系，而是一种相互成就的关系。学生因为老师的教导而取得进步，而老师也因学生的探索而获得新的启示，这是人类文明进步最美丽的画卷之一。

总之，师道的价值不容忽视，它是人类知识和思想传承的纽带，是每个人成长和进步的必要途径。无论是在古代还是现代，师道都应被我们尊重和弘扬。求知的道路上，没有人可以孤身前行，每一个人都需要老师的引导，无论他是年长还是年轻，是地位显赫还是平凡普通。在这个信息爆炸的时代，面对纷繁复杂的知识，我们更应秉持师道精神，向那些有智慧的人学习，聆听他们的教诲，感受知识传递的力量，进而实现自我的不断提升。唯有如此，我们才能在追求真理的路上，走得更加坚定、从容，亦能在心灵的高地上，攀登得更加高远。

第二节　尧舜十六字心诀

人心惟危，道心惟微，惟精惟一，允执厥中。

——《尚书》

子曰：《诗》三百，一言以蔽之，曰"思无邪"。

——《论语》

应无所住，而生其心。

——《金刚经》

学而时习之，不亦说乎？

——《论语》

吾日三省吾身！

——《论语》

有颜回者好学，不迁怒，不贰[1]过。不幸短命死矣。今也则亡[2]，未闻好学者也。

——《论语》

1　贰：重复之意。
2　亡：即"无"。

立志

千百年来，古圣先贤传下的智慧，以短短几句言语，道尽了生命修行的奥义。其中，尧舜的"十六字心经"尤为经典，"人心惟危，道心惟微，惟精惟一，允执厥中"，短短十六个字浓缩了中华文化的核心精髓，启示我们如何在纷扰尘世中回归内心的纯真与清明。

人心多变，难测且危。贪婪、嫉妒、愤怒等念头如阴云般聚集，驱使人远离平和的本性。这些负面的心态常常悄然无声地侵入我们的意识，使我们陷于苦恼、焦躁、怨恨的情绪之中。然而，内心的波澜并非不可掌控，关键在于能否及时觉察到它们的存在。正如"尧舜十六字心经"所言，"人心惟危，道心惟微"。人心危殆，只有时时刻刻保持警惕，方能不被其左右。

与人心对立的，是道心。道心微妙，却也清明。它是依循正道的念头，是心灵的光亮与指南，指引人们如何以清净心对待自身与世界。道心的微妙在于它从不强迫人去做什么，它只是默默地存在于每一个人心中，需要被发现、被感知。觉察到人心的危机，便是唤醒道心的开始。

"惟精惟一"，是对内心的精挑细选。人心中的念头纷繁杂乱，良莠不齐，时而是光明的希冀，时而又是阴影的滋长。我们应学会筛选，剔除那些杂乱无章、诱导我们偏离正道的想法，只留下精纯而坚定的信念。唯有这样，我们才能使内心逐渐归于简单和专一，不为外界的喧嚣所动。这个过程，便是"精"的功夫，是对内心的不断修剪，是一场与杂念的拉锯战。而筛选的标准只有一个，那就是"道"，是纯粹而无杂的内心之真，是不偏不倚、与道相合的内在状态。精简自己的念头，就像精炼一块原石，剔去糟粕，只留下一颗晶莹剔透的宝玉。而要真正做到这一点，必须有"允执厥中"的决心。允，是内心的诚信与笃定，是真诚地面对自己的念头与行为。执，是坚持，是不随波逐流的力量。厥中，是回归正道的努力，是每一次从迷失中找回自己，是从心灵的偏离中回归中正、和平的状态。这是一场需要勇气和耐力的修行，是与自我对抗的持久战。正如古人所言："吾日三省吾身。"每日对自己的行为进行反思，觉察到那些不合道的念头，然后以坚定的信念回归正道，这是心灵修炼的关键所在。

成长的道路上，每一个人都在与自己的内心对话，不断追寻生命的意义。在这个过程中，自知与自胜便成了关键的修行。自知，意味着对内心的时时观照，能在每一个想法冒出的时候，分辨它是人心的杂念，还是道心的召唤。自胜，则是在觉察之后的行动，是以坚定的决心和勇气将偏离的心绪拉回正道，是与自我欲望的斗争，是将心灵的力量重新归于宁静。

譬如课堂上的小明，在心中突然冒出"中午吃什么"的念头，这看似无伤大雅的小小偏离，实则是人心的微小波动。如果他未曾觉察，可能思想早已天马行空，不再停留在课堂的内容上。而一旦觉察到，他便能将注意力拉回到当下，重新聚焦于讲台上老师的讲授。这样的过程，正是自觉的功夫，是对自己心灵的训练。正因如此，自觉才是我们成长过程中最重要的一部分，它让我们不再依赖外界的监督，而能从内心深处获得力量和指导。

儒释道三家的智慧，虽各有不同，却都在修心的道路上指向同一目标：那便是内心的安宁与自觉的力量。读书有三到，心到、眼到、口到，而心到为最急。这是因为，只有当心真正参与其中，我们的学习才不再是机械的记忆，而成为一种内在的成长。同样地，修行也是心的修炼，唯有心真正到达，我们才能在纷扰中保持清醒，在诱惑中坚定不移。

"尧舜十六字心经"如同修行的指南，提醒我们在日常生活中不断觉察自己的念头，精炼内心，将杂念剔除，保留纯粹的部分。它告诉我们，内心的安宁并不是远离尘世的避世之举，而是置身其中时的一种内在修持，是在各种诱惑和纷乱中，依然能够保持一份清明和坚定。它教导我们，成长并非一朝一夕的事，而是日复一日对自我的觉察和修正，是不断回归正道，回归"一"，回归内心深处的那份真诚与纯粹。

这一过程，也许并不容易，但正因为如此，它才弥足珍贵。在人心惟危、道心惟微的复杂境遇中，惟有"精"以至纯，"一"以至诚，才能让我们在这条修心之路上走得更远，走得更稳。每个人都可以通过这样的修炼，找到内心的宁静与力量，最终回归那份纯净且笃定的道心之中。

第三节　以百姓心为心

子绝四：毋（wú）意，毋必，毋固，毋我[1]。

——《论语》

若菩萨[2]有我相、人相、众生相、寿者相，即非菩萨。

——《金刚经》

非彼无我，非我无所取。

——〔战国〕庄子

圣人无常心，以百姓心为心。善者，吾善之；不善者，吾亦善之，德善。信者，吾信之；不信者，吾亦信之，德信。圣人在天下，歙（xī）歙[3]焉，为天下浑其心。百姓皆注其耳目，圣人皆孩之。

——《道德经》

己所不欲，勿施于人。

——《论语》

---

1 毋意：不主观臆测。毋必：不绝对肯定。毋固：不固执己见。毋我：不自我中心。
2 菩萨：指的是通达无我法者，真正的菩萨是已经证得无我、无相、无众生等境界的智者。
3 歙歙：无所偏执貌。

在芸芸众生中，我们常常因为自己的经验和视角，将世界认知定格在主观感受之上。而真正的智慧，是能突破这种局限，将自我融化于无形，从而达到与他人心灵的共振。在《论语》中，孔子所言"毋意，毋必，毋固，毋我"，是一种从根本上跳脱自我成见的智慧，是对个体局限的超越，是对普遍价值的追寻。这种智慧也如《金刚经》中所说，菩萨不应执着于"我相""人相""众生相"，而应破除诸相，无碍地与万物相接，这才是真正的无我境界。

无我，首先在于不主观臆测，不被自身的偏见所囿。冯玉祥禁止官员乘坐黄包车，本意是想减轻车夫的负担，但结果却适得其反，车夫们因此失去了生活来源。这个故事提醒我们，善意并非足够，关键在于理解对方真正的需求，而非依凭主观臆测的推断。孔子所提倡的"毋意"，正是警醒我们，在面对世界和他人时，不应以为自己的判断便是对他人最好的安排，而要尽力理解对方的处境，倾听他们的声音。只有在理解中，我们才能避免好心办坏事，才能让我们的善意真正化为有温度的行动。

无我在于不固执己见，不抱绝对的肯定与偏执。庄子曾说："非彼无我，非我无所取。"这句话揭示了一种深刻的相互依存关系，我们每个人的存在和认知都不是孤立的，而是与他人、与世界息息相关的。庄子的思想与老子的"以百姓心为心"相通，真正的智者从不持有绝对的立场，而是随着世情的变化不断调整自己的态度，以最柔软的心去理解、感受和应对外界。圣人没有固定的心，常常以百姓的心为心，因为他们知道，每一个个体的幸福和获得感都是动态的，需要在变化中不断调和。

这种无我与顺应的智慧在现代社会中尤为可贵。每一个企业、每一个组织，都应当如老子所言，融入百姓之心，理解客户的需求，倾听他们的声音。而这种倾听并不只是表面的互动，而是要真正理解他们所面对的困境和挑战，从他们的角度出发去思考、去解决问题。正如我们可以问自己："如果给家人的获得感、幸福感、安全感打分，你会打几分？如果给客户打分，你又会打几分？"这些问题不是简单的调查，而是深入反思我们在家庭和职业中的角色，以及我们为他人所带来的影响。我们是否能够真正做到无私地关怀他人，是否能够让身边的人感受到温暖与支持？

立志

无我，不是消失自我，而是超越自我，是一种心灵的开放，是对他人深切的体谅与尊重。孔子说："己所不欲，勿施于人。"这句话是人际关系中的黄金准则，但它也启示我们，真正的善意在于站在他人的立场，体验他们的感受，将心比心地去理解和行动。这不仅是人与人之间应有的温情，更是对世界的一种承担，是对众生的一份大爱。

在当今快节奏的社会中，我们常常沉浸于自我追求，忽略了他人的感受。然而，真正能够让社会变得更温暖的，正是那种从自我中跳脱出来的力量。无论是企业还是个人，只有当我们能够放下自我的执念，去理解他人的需求，去关注他人的幸福，我们才能创造出一个更加和谐美好的社会。在这种境界中，我们不是单纯地追求自己的利益，而是将他人的幸福作为自己的幸福，将他人的获得感作为自己的成就，这便是无我之境，也是最大的慈悲。

正如老子所说："善者，吾善之；不善者，吾亦善之，德善。"在善待他人的过程中，我们需要超越对"善"与"不善"的简单二分，不以个人的好恶来判断，而是用包容与理解去化解人们之间的隔阂。冯玉祥的故事也提醒我们，善意的初衷固然重要，但更重要的是是否真正理解了对方的需求，并据此调整自己的行为，以达成真正的善果。正如企业在服务客户时，不是简单地提供产品或服务，而是要深入理解客户的需求和痛点，从而提供他们真正需要的解决方案。

圣人的无我，不是抽象的道德标杆，而是具体的实践方式，是与他人共情、以百姓心为心的能力。只有放下自我的执念，我们才能够如智者般，无相而为，行无住之善，心无私之德。这种境界，不是远离红尘的遁世之举，而是在纷繁世界中的一种担当，是将每一个个体的幸福都纳入自己心中的一种境界。

无我，不是对自我的消灭，而是对自我更高层次的实现，是一种对他人、对世界更深的责任感。当我们能在行动中放下自我的偏见，以开放与包容的心态去面对他人，我们便能在平凡的生活中实现不凡的爱与智慧。这种无我，是对自己和他人关系的真正洞察，是将自己融入众生中的一种至高境界。而这，也许正是我们每一个人都应追求的生命状态——无我中见大爱，众生中得自在。

- 假设满分为 5 分，你给家人的获得感、幸福感、安全感可以打几分？你给客户的获得感、幸福感、安全感可以打几分？

- 假设满分为 5 分，你公司的客户或用户对公司所提供的获得感、幸福感、安全感可以打几分？公司在这些方面是否还有提升的空间？

- 下面两张图表示不同的思考方向，两者之间有何差异？

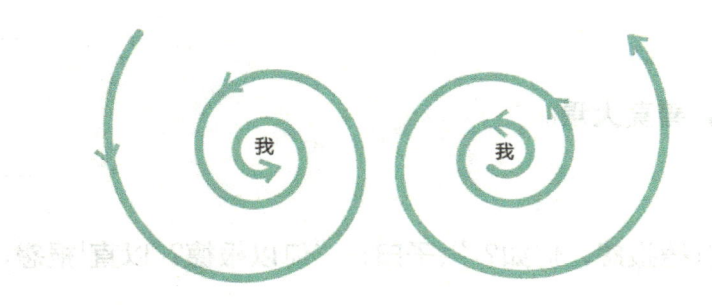

第四节 感恩

滴水之恩，当涌泉相报。

——《增广贤文》

知恩图报，善莫大焉。

——〔西汉〕刘向

或曰："以德报怨，何如？"子曰："何以报德？以直[1]报怨，以德报德。"

——《论语》

孝子之至，莫大乎尊亲。

——〔战国〕孟子

恩者，仁也。

——《礼记》

恭敬与谦让，知足并感恩，是为最吉祥！

——《吉祥经》

知恩不报非君子，万古千秋作骂名。

——〔明〕吴承恩

活着就要感谢！

——〔日本〕稻盛和夫

---

1 直：正直、正义。

感恩是一种深沉而美丽的心灵态度，是生活中一种静水流深的力量。感恩之心并不是来自富贵或权势，而是源于心灵的宁静和对生命本质的尊重。这种心灵的花朵，唯有在对世间万物的领悟与珍惜中绽放，唯有在对他人的善意与帮助中绽放。

感恩是什么？感恩是一种人与人之间真诚的情感纽带，是心中滋生的对人对物的敬重与感激之情。当我们追溯那些点滴的恩情——父母的呵护、朋友的扶持，甚至陌生人的关怀，我们能感受到一股暖流在心间流动，让人心生敬畏与温暖。正是这种深刻的感恩情怀，让我们学会珍惜现在所拥有的一切，也让我们在逆境中有力量去寻找光明。

父母的恩情是感恩之心的源头，是我们一生不可磨灭的印记。从呱呱坠地，到蹒跚学步，再到成年后的独立成长，父母以无私的爱陪伴我们走过了每一个关键的时刻。他们用他们的时间、精力，甚至生命的岁月，为我们铺就了一条温暖的人生之路。父母的恩情如春雨滋润大地，如阳光普照心田，默默无闻，润物细无声。当我们将感恩之心投向父母，我们学会了理解，学会了爱，也学会了敬重生命的伟大。

老师的教导，是我们成长道路上的另一座灯塔，他们不仅教授我们知识，也引导我们领略人生的真谛。那些教诲中包含的不仅是教科书上的知识，更有生活的智慧和做人的道理。老师们在我们迷茫时，为我们点亮一盏灯；在我们困惑时，为我们打开一扇窗。每一个感动人心的时刻，都是老师无私奉献的证明。怀着感恩之心，我们更懂得求知的珍贵和学问的力量，也更加体会到教育的温暖和真情。

朋友的陪伴亦是不可忽视的恩情。他们在我们孤单时给予温暖，在我们失意时提供肩膀，甚至在我们成功时为我们欢呼与喝彩。朋友的情谊，是一种超越血缘的关怀，他们为我们的生活增添了色彩，也让我们的人生之路不再孤独。在相互扶持中，我们学会了信任和关怀，也领悟到了人际交往中的真诚与宽容。对朋友的感恩，是对彼此相知相惜的感念，更是对真情的歌颂与传递。

感恩是一种温柔的力量，让我们在人际关系中充满理解与包容。孔子所言"以直报怨，以德报德"，强调了感恩应当是发自内心的对他人善行的回馈，而不是盲目地宽容一切。感恩是一种选择，是我们对待世界的态度。当我们用感恩之心对待他人时，我们收获的不仅是对方的善意，更是自身内心的宁静和对生命的感悟。

感恩更是一种积极向上的生活态度。稻盛和夫先生的人生经历告诉我们，困难和挫折本身就是一种成长的契机，唯有怀着一颗感恩的心，才能将这些挑战化为人生的宝贵财富。在灾难面前，拥有感恩之心的人，往往能够从最深的苦难中找到坚强的理由，最终迎来胜利的曙光。因为他们懂得，感恩不是对命运的妥协，而是对生命的尊重，是对每一次经历的珍视。

滴水之恩，当涌泉相报，这是对感恩最深刻的诠释。感恩不仅是对过去的回报，更是一种对未来的承诺，是对他人和社会的一份责任。当我们心怀感恩，不仅是为了报答曾经得到的恩情，更是在构建一个充满爱与善意的世界。感恩的行动，像涓涓细流，汇聚成川，滋养着每一个需要温暖的心灵。

感恩不是一种单纯的付出，而是一种人与人之间的互相成全，是一种情感的流动与反馈。生活中的每一次给予与得到，都是对爱的传递，是对感恩的最好诠释。愿我们每一个人，都能怀着一颗感恩之心，用实际行动去温暖他人，去构建一个更加温暖、和谐、美好的世界。感恩于心，善行于人，这才是人生最值得追寻的美好境界。

第五节　与父母及家人的关系

子曰："夫孝，德之本也，教之所由生也。复坐，吾语汝。身体发肤，受之父母，不敢毁伤，孝之始也。立身行道，扬名于后世，以显父母，孝之终也。夫孝，始于事亲，中于事君，终于立身。《大雅》云：'无念尔祖，聿（yù）修厥（jué）德'"

——《孝经》

子游问孝。子曰："今之孝者，是谓能养。至于犬马，皆能有养。不敬，何以别乎？"

——《论语》

子夏问孝，子曰："色难[1]。有事，弟子服其劳；有酒食，先生馔（zhuàn），曾是以为孝乎？"

——《论语》

《礼记》言："孝子之有深爱者，必有和气；有和气者，必有愉色；有愉色者，必有婉容。"须是有深爱做根，便自然如此。

——〔明〕王阳明

树欲静而风不停，子欲养而亲不待[2]。

——《孔子家语》

---

[1] 色难：（对父母）和颜悦色、真心诚意是难的，不能只做表面文章。
[2] 子欲养而亲不待：子女想要好好孝敬的时候父母却已经不在了。

> **子孙若如我，留钱做什么？贤而多财，财损其志。**
>
> **子孙不如我，留钱做什么？愚而多财，益增其过。**
>
> ——〔清〕林则徐

孝道是中华民族的传统美德，是伦理道德的基础和人性深处的柔情。它不仅关乎个体家庭的和睦，也是社会稳定的基石。然而，孝并不仅仅是对父母的物质供养，更是一种内在的情感，一种源于内心深处的深厚尊敬与真诚关怀。这种深刻的情感体现了孝的最高境界，是需要用心去体悟、用行动去实现的。

古往今来，关于孝的理解和实践往往被局限于物质上的满足上。给父母提供优越的生活条件，买房子、请保姆、吃大餐、去旅游，这些无疑都是孝道的重要表现。然而，孔子两千多年前就指出，孝的真谛并不仅限于物质的奉养。孔子说，若仅仅以物质上的供养作为孝道，那与对待宠物犬马又有何区别？真正的孝道应当体现在心灵的交流和情感的关怀中。对父母和颜悦色，发自内心地敬重他们，这是孝的关键所在，也是最难做到的部分。

正如《礼记》中所言："孝子之有深爱者，必有和气；有和气者，必有愉色；有愉色者，必有婉容。"当一个人对父母怀有深情厚意时，内心的温和与喜悦便会自然显现出来，脸上也会不由自主地流露出温暖的笑容。孝不仅在于给予父母物质的舒适，更在于让他们感受到内心的满足和精神的喜悦。每个简单的问候、每个体贴的举动，都会让父母心头充满温暖，这是远超物质享受的孝道层次。

王阳明也曾说道："孝子之有深爱者，必有和气。"孝顺是由深深的爱做根基的，有了深爱，才能对父母时常怀有敬意，态度中充满温暖、和气与愉悦。然而，这样的态度并非一朝一夕能够培养，而是源自长期的修身养性，是人心善良与温暖的流露。真正的孝顺，并不是一味地迎合与盲从，而是发自内心的敬重与关怀。为人子女者，需要学会去理解父母，理解他们内心的期望与忧虑，而不是仅仅满足于物质上的供养。

现代社会中，物质生活的提高为我们孝敬父母提供了更多的便利条件，让父母住得好、吃得好、生活无忧，这种"物质的孝"往往是远远不够的。父母的需求不只是物质上的丰足，更重要的是情感上的陪伴和理解。在子女与父母的相处中，真正让父母感到幸福的是子女的关心与呵护，是在他们孤独时的一句温暖的话语，是在他们疲惫时的一份默默的陪伴。

在孔子的教诲中，孝道的终极境界是："立身行道，扬名于后世，以显父母，孝之终也。"意思是，为人子女者要立身行道，成就自己的德行与事业，让父母因自己而感到光荣和自豪。这种"扬名于后世"并非指追求名利，而是指子女通过自身的德行与行为，为父母赢得尊重与认可，使他们因子女的成就而感到无比的安慰和骄傲。这种精神上的荣誉感，才是孝道的最高境界。

"树欲静而风不止，子欲养而亲不待"，许多人在年少时因忙于追求事业和理想而忽略了父母，等到终于有能力孝敬父母时，父母却已经不在身边，留下的是无尽的遗憾与悔恨。孝顺不应是等到父母年老体衰时才想到去做，而是应贯穿于生活的点滴之中。日常生活中的每一个问候，每一个细微的关怀，都是对父母最好的孝顺。

我们常说，百善孝为先，孝是德之根本，是教化之源。孝道不仅体现了对父母的敬爱，也体现了对生命的尊重与感恩之情。在我们的生活中，孝道的表现可以是具体的行动，也可以是心灵的温暖和关怀。让我们学会在日常的琐碎中感受到亲情的真挚，在点滴的行动中实践孝道的深意。孝不仅是对父母的敬重，更是对人生的一种感恩与理解。

孝道，始于对父母的爱，成于对生命的敬重，最终升华为对人性的关怀。愿我们每一个人都能在生活中找到孝的真谛，用一颗真诚而温暖的心去对待我们的父母，让他们因我们的存在而感到幸福和自豪。这才是孝道最深的意义。

> 我对待家人总是和气的吗？
> 我在家人面前总是有愉悦的脸色的吗？
> 我遵循"身体发肤，受之父母，不敢毁伤"了吗？
> 我为"立身行道，扬名于后世，以显父母，孝之终也"而奋斗了吗？

第六节　交友

近朱者赤，近墨者黑。

——〔晋〕傅玄

良禽择木而栖，贤臣择主而事。

——〔元末明初〕罗贯中

三人行，必有我师焉；择其善者而从之，其不善者而改之。

——《论语》

人之相知，贵在交心。

——〔汉〕李陵

生气是拿别人的错误来惩罚自己。

——〔德〕康德

子曰："君子成人之美，不成人之恶。小人反是。"

——《论语》

人家帮我，永志不忘；我帮人家，莫记心上。

——华罗庚

仲弓问仁，子曰："出门如见大宾，使民如承大祭[1]。己所不欲，勿施于人。在邦无怨，在家无怨。"

——《论语》

---

[1] "出门如见大宾，使民如承大祭"：意味着在公共事务中要如同对待重要的宾客一样尊重他人，在使用民力时要像承担重大祭祀一样慎重。

"近朱者赤，近墨者黑"，这句话揭示了我们与周围环境和人群的深刻联系。我们所交往的人，往往会对我们的人生态度、价值观念和行为方式产生深远影响。选择什么样的朋友，与什么样的人交往，不仅决定了我们的日常生活质量，更在某种程度上塑造了我们自身的性格。因此，在交友过程中，保持警惕与慎重，成为明智之人必不可少的功课。

良禽择木而栖，贤臣择主而事。人如同鸟儿一样，渴望找到适宜的栖息地。同样，找到适合自己的朋友，融入一个积极向上的群体，也是一种人生智慧。我们无法改变环境，但可以选择适应和提升自己；我们无法彻底掌控他人，但可以决定谁能够成为我们生命中重要的一部分。在朋友的选择中，智慧尤为关键，我们需要懂得从他人的言行中判断其人品与性格，以此决定是否值得相交，是否值得以心相待。友谊贵在交心，而相知则在于相互的诚恳与信任，唯有真诚的交往才能让心灵得以共鸣，构筑起坚不可摧的友谊桥梁。

与人交往之际，有一句话深具智慧，那便是"己所不欲，勿施于人"。我们应当常常站在对方的角度考虑问题，避免因为自己的言行给他人带来困扰和痛苦。生活中，我们难免遇到摩擦与误会，但如果我们能够时时做到尊重他人的感受，给予对方应有的宽容，那么许多矛盾都可以迎刃而解，许多怨恨也能够化解于无形。孔子说过："出门如见大宾，使民如承大祭。"这句话不仅教导我们在公共事务中要像对待重要宾客一样尊重他人，也提醒我们要像参加重大祭祀一样对待与他人的交往，保持慎重与敬畏。

交友是一门艺术，也是一门学问。在选择朋友时，我们不仅要看对方的外表和表面的言行，更要深入了解对方的内在品质。人之相知，贵在交心，这种交心是建立在互相理解、互相尊重和互相欣赏的基础之上的。朋友之间的情谊应该是纯粹的，不掺杂个人利益和算计。只有在这样的基础上建立起来的友谊，才能在时间的考验中变得愈加坚韧与深厚。人家帮我，永志不忘；我帮人家，莫记心上。这样的态度不仅是友谊的基石，也是一种高尚的品格。助人而不图回报，受助而心怀感恩，这样的精神能让人与人之间的关系更加和谐美好。

人生是一段漫长的旅程，在这个旅程中，朋友是我们的同路人，是与我们分享喜怒哀乐的重要存在。选择什么样的朋友，决定了我们会走上什么样的道路。我们需要选择那些能够激励我们成长的人，远离那些只会让我们陷入负面情绪和低迷状态的人。唯有如此，我们的人生才会因为友谊而更加丰富多彩，才会因为相伴而更加温暖有力。

在人生这条路上，与人交往是一门重要的功课，而在这门功课中，最重要的内容莫过于真诚待人，尊重他人，同时不断反省自身，提升自己。真正的友谊，建立在彼此的信任与理解之上，它需要时间的积累，也需要彼此的用心经营。让我们在与人交往的过程中，谨记"己所不欲，勿施于人"的古训，努力成为他人的良友，也成为自己的明灯，照亮前行的路。

第七节 谦虚

越是成熟的稻穗，越懂得弯腰。

——谚语

洪[1]又言：今日要见人品高下最易。先生[2]曰："何以见之？"对曰："先生譬如泰山在前，有不知仰者，须是无目人。"先生曰："泰山不如平地大，平地有何可见？"先生一言剪（jiǎn）裁，剖破[3]终年[4]为外好（hào）高[5]之病，在座者莫不悚（sǒng）惧。

——〔明〕王阳明

天道亏盈而益谦。

——《周易》

江海所以能为百谷王者，以其善下之。

——《道德经》

谦虚其心，宏大其量。

——〔明〕王阳明

满招损，谦受益。

——〔西汉〕伏生

---

1 洪：指钱德洪，王阳明先生学生。
2 先生：指王阳明。
3 剖破：剖析、揭露或破解。
4 终年：指一整年，在这里用来强调一个持续很长时间的状态或习惯。
5 为外好高：描述了一种追求外在的、表面上的崇高或伟大的心理状态。"外好"可能指的是对外部形象或地位的过度关注，"高"则是指追求高于他人的地位或认可。

立志

> 君子泰而不骄,小人骄而不泰。
>
> ——《论语》
>
> 富贵不能淫,贫贱不能移,威武不能屈,此之谓大丈夫。
>
> ——〔战国〕孟子

"越是成熟的稻穗,越懂得弯腰。"这句话,用简单的形象描绘了深刻的人生哲理。稻穗的弯腰不是屈服,而是丰收的重量让它低下了头;同样,人越是积累丰富的阅历和智慧,越能以谦卑的姿态看待这个世界。谦虚是成熟的象征,是深谙世事后的大度,是内心丰盈后的自然表达。

王阳明先生曾有一段对话深入揭示了"为外好高"这一普遍存在的人性弱点。他的学生钱德洪称王阳明如同泰山一般伟大,若有人对此视而不见,那只能说明他目光短浅。面对如此恭维,王阳明却谦虚地回应:"泰山固然雄伟,但不如平地广阔,平地中又有什么值得注意的呢?"他的话犀利地指出了很多人内心的执迷——因对外表的痴迷和对高位的过分追求,而忽略了内在的平和与宽容。正如泰山的巍峨也难及平原的广袤,人的伟大也不在于高高在上的地位,而在于能够与普通人共情,能够内心如广阔平地般容纳万物。

谦虚并非自卑,也不是妄自菲薄,而是一种对世界和他人的尊重。江海所以能够成为百谷之王,是因为它处于低下之处,善于接纳来自四面八方的溪流河水,汇聚为一体。真正的谦虚是一种力量,让人不断吸纳新知,不断地成长,成为一条更加深邃的江河。反之,一个骄傲自满的人往往拒绝学习、拒绝改变,最终停滞不前,失去了进步的机会。

"满招损,谦受益。"谦虚是一种极高的智慧,清晰地认识到自己的不足,才会有不断进步的空间。那些表面风光、自诩高人一等的人,往往正是最缺乏自信的人,因为他们深知内心空虚,所以只能依靠外在的虚荣装点自己。王阳明先生提到"为外好高之病",正是对这种浮华外表的深刻批判。谦虚的人懂得放下那些无谓的荣光,将精力投注于内在的成长与修养。

人之所以能够有所成就，正是在不断的学习和反思中取得进步。孟子所说的"富贵不能淫，贫贱不能移，威武不能屈"是大丈夫应有的气节，而真正具备这种气节的人，往往内心坚定且谦逊。他们不因一时的成功而自满，也不因他人的褒奖而自得，而是保持内心的平静和谦虚，始终向着更高的目标迈进。这种谦虚不是刻意的低调，而是因为内心有更大的追求，因而并不迷恋现有的成绩。

谦虚不仅使个人受益，更使人与人之间的关系更加和谐。谦虚的人懂得尊重他人，懂得倾听，而不是一味地自我表现。正如孔子所言，"君子泰而不骄，小人骄而不泰"。君子因内心充实而自信从容，但从不因此自大狂妄；而那些骄傲的人，内心其实充满不安和浮躁，无法真正享有内心的宁静。谦虚的人，在与他人相处时，总能尊重对方的意见，善于学习他人的长处，因此人际关系更加和谐融洽，而骄傲的人却往往陷入孤立无援的境地。

真正的成熟，是懂得将目光从自己身上移开，看到更广阔的天地与更深邃的智慧。谦虚的人往往具有宽广的胸怀，能够包容不同的观点和声音。他们明白，世界之大，个人的见解只不过是沧海一粟，所以他们愿意虚心向他人学习。无论是古代贤者还是现代的成功者，几乎所有伟大的人物都有着一颗谦逊的心，因为他们深知，只有不断学习、不断反思，才能在浩瀚的知识海洋中继续航行。

谦虚，是一种成熟的表现，是对自己有深刻认识后的从容。越是深谙世事的人，越明白自己的渺小与不足，越懂得虚心求教、不断进步。谦虚不是贬低自己，而是保持开放的心态，是对自身的超越与升华。正如成熟的稻穗因饱满而弯腰，人也因内心的充实与智慧而低下头颅，以谦逊的姿态面对世界。

真正的伟大，从来不是孤芳自赏，而是在于开放的胸襟和博大的爱。谦虚让人能够不断提升自我，拥有更广阔的视野和更高远的格局。成熟的稻穗弯下腰，正是因为它承载了沉甸甸的收获；人越谦虚，越能承载生命中的丰盈与美好。愿我们每个人都能够保持谦逊的心态，不断学习，不断进步，成为更加成熟、胸怀更大的人。

你谦虚吗？
你有"为外好高"之病吗？
王阳明先生与弟子的对话对你有何启发？

立志

第八节　精诚之心

张湛（zhàn）[1]曰：夫经方之难精，由来尚矣。今病有内同而外异，亦有内异而外同，故五脏六腑之盈虚，血脉荣卫之通塞，固非耳目之所察，必先诊候以审之。而寸口关尺，有浮沉弦紧之乱；腧（shù）穴流注，有高下浅深之差；肌肤筋骨，有厚薄刚柔之异。唯用心精微者，始可与言于兹矣。今以至精至微之事，求之于至粗至浅之思，岂不殆哉！若盈而益之，虚而损之，通而彻之，塞而壅之，寒而冷之，热而温之，是重加其疾，而望其生，吾见其死矣。故医方卜筮，艺能之难精者也，既非神授，何以得其幽微[2]？世有愚者，读方三年，便谓天下无病可治；及治病三年，乃知天下无方可用。故学者必须博极医源，精勤不倦，不得道听途说，而言医道已了，深思（自）误哉！

——〔唐〕孙思邈

"大医之道，非止于技，亦成于心。"孙思邈在《大医精诚》中阐述了为医者的道德与智慧，这种智慧不仅适用于医者，更深刻地触及了各行各业、众生百态的本质。正如他所言，医术之难精，不仅是因为技术层面的艰深复杂，更是因为对生命本质的理解需要一颗精诚之心，而这种精诚，正是人类面对一切难题、解决一切困境的核心所在。

---

[1] 张湛：字处度，高平（今山东金乡）人，通晓养生之术，撰有《养生要集》十卷、《延生秘录》十二卷，均佚。今有《列子注》八卷传世。

[2] 幽微：指声音、气味等微弱轻微，也可以指深奥精微。

治病救人，首先需明辨病因与症状。张湛曾言，疾病有内外之分，内在病因和外在表现未必相符，这便使得诊断的过程充满了不可预见的复杂性。医者需在看似相同的症状中辨析出不同的病因，也需在看似不同的表现中找出相同的源头。五脏六腑的盈虚、血脉的通塞，这些复杂的生命活动皆不是肉眼所能简单捕捉的，必须靠深入细微的观察与思索。这种对细节的洞察力，源自对生命的敬畏与对医术的无尽钻研。世上从未有一劳永逸的良方，也没有可以适应一切的诊断标准，所谓的"精诚"，正是对这一点的谦逊与接受。

在现代社会，我们面对的挑战各式各样，可能是企业的经营决策，也可能是科技的创新研发，而每一项挑战的背后，皆如同医者治病一般，充满了表象与实质之间的错综复杂。孙思邈所讲的精诚之心，是要求每一个人，不论所从事的职业如何，都应在面对问题时保持谦逊与严谨。真正的专家，不是因为掌握了一些知识便自负于世，而是在不断实践中认识到自己的不足，正如那些"读方三年便谓天下无病可治"的愚者，初学之时自以为掌握了全部真理，然而深入实际，方知世间事物远非简单的理论可完全涵盖。

真正的精诚之心，不仅仅在于知识的积累与技术的精进，更在于面对复杂现实时的敬畏与洞察力。治病三年后，若不能认识到"天下无方可用"的局限性，若依旧以为一切问题都可以找到简单答案，那么最终结果必然如张湛所言，"若盈而益之，虚而损之"，不但未能治病，反而加重了病情。这种急功近利、缺乏细致分析的做法，不仅在医学中是致命的错误，在任何领域也可能导致不可挽回的后果。

精诚之心的培养并非一朝一夕之功，它需要积累，需要不断实践后的反思，也需要一份对生命、对世界的温柔与悲悯。孙思邈一生以医济世，他并未因为自己学识渊博而自大，反而一直强调对生命的敬畏。这种态度，不正是我们今天所缺乏的吗？在这个信息爆炸、人人都可轻易获得知识的时代，真正的难题往往不是如何获取知识，而是如何在获取知识的同时保持谦逊，保持对事物本质的探求之心，不以肤浅的表象自欺，也不以片面的理解自得。

精诚之心，也是一颗纯粹的赤子之心。只有保持一颗好奇、谦逊且不懈追求的心灵，才能够真正理解那些复杂而微妙的关系，才能够在工作中不断进步、在生活中不断成长。正如张湛所述的"既非神授，何以得其幽微"，一切精微之道，必然源自勤奋与深思，全靠心血倾注，而不能企图依靠某些捷径或简单的模仿。医学如此，其他领域亦然。那些在事业中取得伟大成就的人，无一不是深知其道艰难而心怀谦逊之人。

无论是医者，还是其他职业的人士，都需要这样一种精诚之心。这种心态不仅能帮助人们在技术上精益求精，也能在面对人生中的各种困境时，使我们不至于迷失。我们或许无法完全避免错误，但精诚的态度会使我们在错误中汲取教训，不断改进，向着更高的目标前进。

精诚之心，是对真理的执着追求，是对人类生活的深刻理解和对生命的尊重。这种心态不仅是医者应有的德行，也应是所有追求卓越的人所具备的品质。在现代社会，面对种种纷繁复杂的问题，我们需要的不仅是冷冰冰的技术与方法，更需要一颗充满精诚的心去对待每一个人、每一件事。这种精诚之心，能够化解傲慢，能够消除偏见，也能够指引我们走向一个更美好、更健康的世界。因此，无论你是医生、教师、科学家，还是企业家，都应将精诚之心作为自己追求的目标，因为它不仅能帮助你实现个人的成长，更能够使你成为对社会、对人类有益的人。唯有精诚之心，方能真正理解复杂的世界，方能在面对任何挑战时不骄不躁、不卑不亢，真正做到"精勤不倦，博极医源"，这是生命的智慧，也是人性的光辉。

第九节　时时责志

夫立志亦不易矣。孔子，圣人也，犹曰："吾十有五而志于学，三十而立。"立者，志立也。虽至于"不逾（yú）矩（jǔ）"，亦志之不逾矩也。志岂可易而视哉！

夫志，气之帅也，人之命也，木之根也，水之源也。源不濬[1]（jùn）则流息，根不植则木枯，命不续则人死，志不立则气昏。是以君子之学，无时无处而不以立志为事。正目而视之，无他见也；倾耳而听之，无他闻也。如猫捕鼠，如鸡覆（fù）卵，精神心思凝聚融结，而不知有其他，然后此志常立，神气精明，义理昭著。一有私欲，即便知觉，自然容住不得矣。

故凡一毫私欲之萌，只责此志不立，即私欲便退；听一毫客气之动，只责此志不立，即客气便消除。或急心生，责此志，即不急；忽心生，责此志，即不忽；懆（cǎo）心生[2]，责此志，即不懆；妒心生，责此志，即不妒；忿心生，责此志，即不忿；贪心生，责此志，即不贪；傲心生，责此志，即不傲；吝心生，责此志，即不吝。盖无一息而非立志责志之时，无一事而非立志责志之地。故责志之功，其于去人欲，有如烈火之燎（liáo）毛，太阳一出，而魍（wǎng）魉[3]（liǎng）潜消也。

——〔明〕王阳明

---

1 濬：疏通或挖深水道。
2 懆心生：通常指因内心的不安、焦虑或急躁而产生一种急功近利的心态。
3 魍魉：古代神话传说中的山川精怪。

立志

人之志如灯塔，引航于人生浩瀚之海，是人类心灵深处的一股力量，充盈着不懈的追求与坚守。古人云：志立，则道行；志不立，则虚度光阴，任世间万象迷乱其目。孔子十五志学，三十而立，这是对人生立志的经典诠释，也是对我们每一个人树立志向的重要教诲。立志不是一种随意的决定，而是如同深植大地的树根，如同泉水之源，深深扎根，源源不断。

志，乃气之帅，是一个人生命的核心，是生命的原动力。没有志向，人生就如同一株失去根系的枯木，难以抵挡风雨侵蚀；没有志向，生命之气就像断了源头的溪流，渐渐干涸。志立，则气清神明，百念成形，万象皆动于心灵之秩序。志如高山之巅的火炬，在人生曲折迂回的道路上，始终照亮前行之路。然而，立志并不意味着一劳永逸，志向如同清澈的池塘，需要不断地清除淤积的泥沙，才能使之保持澄明。王阳明有言："凡一毫私欲之萌，只责此志不立，即私欲便退。"在他看来，志向一旦确立，所有的杂念、私欲，都应当在"志"的指引下化为乌有。立志不是一时的激情，而是永恒的责任，是不断警醒自我的过程。当怠惰之心、傲慢之意、贪婪之念滋生之时，唯有以志为鞭策，方能使这些杂念无所遁形，保持心灵的明净澄澈。

在现代社会，人们常常感到无法全心投入工作或生活之中，三心二意、半途而废成了常见的状态。究其根源，往往是因为我们被许多无用的信息所侵扰，这些信息或许是网络上无关的琐事，或是生活中无谓的杂谈，甚至于各种偏见与恶念，这些无形的"思想尘"便像细小的灰尘一样，潜移默化地覆盖在人们的思想深处。正如音乐光盘中的噪声，它干扰了人们的思想运转，使人渐渐迷失了初心。这些"思想尘"，遇到特定的情境，便会化为负面念头，如傲慢、懈怠、急躁、妒忌、怨恨等，如同细小的尘埃，积累久了便形成厚重的灰垢，覆满了心灵。这些念头一再重复，便演变为不良的习惯、固执的偏见，影响着人的行为与判断，让我们逐渐丧失了与世界良性交互的智慧。"思想尘"之侵蚀，就如烈日下的尘土飞扬，遮蔽了光明，蒙蔽了心灵之窗。

去除这些"思想尘"，正如《道德经》所言："损之又损。"心灵的洗涤，是去除多余、保留本真的过程。唯有清除"思想尘"，我们才能找回内心深处最纯粹的信念。立志是如此，养志更是如此。立志的过程，像是种下一颗种子，而养志则如同不断为这颗种子浇水、施肥、拔除杂草。不断反思自己心灵深处的私欲和杂念，保持志向的清晰坚定，才能使这颗种子茁壮成长，最终成为参天大树。

如王阳明所言，凡一念之萌动，皆须反观此志是否仍立于心中，是否被杂念所扰，是否因怠惰、急躁、妒忌而使志的光芒黯然失色。志立如炬，杂念如魑魅，唯有志念的光芒照耀，才能使杂念如魍魉般潜消无踪。志立则内心光明，心中无一毫黑暗可藏匿，自然一切负面情绪皆无法附着，人之精神亦愈加明亮澄澈。

人活一世，无非是志向的立与行。立志是起点，而坚守志向则是过程，是心灵与现实不断交锋中的反复淬炼。在面对现代社会的种种干扰与诱惑时，我们应当如猫捕鼠、鸡覆卵，将所有的精力与心思凝聚于一处，摒弃外界的噪音，摒除内心的"思想尘"，使志向常存心中，坚定而不移。

在日常生活中，我们需要时刻警惕"思想尘"的侵扰。当我们心生懒惰之时，应当自问：是否志向已变得模糊？当我们对他人心怀妒忌时，应当反思：是否自己的志向已经被私欲所掩盖？每一个心灵的杂念，都是对志向的一次考验，都是对生命深处那股清明力量的一次污染。唯有常立志、常责志，方能不断清除"思想尘"，让生命之气源源不断，如同山泉般涌流不息。

志者，生命之灯也。立志之人，犹如持灯夜行，纵使前路黑暗，也终能照亮脚下的每一步。立志在于坚持，不仅要在初起时满怀激情，更需要在岁月的流逝中持之以恒。岁月如歌，或许会将我们的理想抹去棱角，生活中的种种困惑和磨难，也会让我们的志向变得模糊不清，但只要心中有灯，哪怕微弱如豆火，也终将指引我们走出迷途，走向属于自己的光明。

愿我们每一个人，皆能立志于心，以志为舵，在生命的长河中，乘风破浪，无所畏惧。愿我们的心灵，不为"思想尘"所蔽，不为杂念所扰，常保志念如炬，照亮前行之路。

第五章　磨砺与成长指标

第一节　金之在冶

实践是人类社会产生、存在和发展的基础,是社会生活的本质。

——〔德〕马克思

譬之金之在冶（yě）,经烈焰,受钳锤,当此之时,为金者甚苦；然自他人视之,方喜金之益精炼,而惟恐火力锤煅之不至。既其出冶,金亦自喜其挫折煅炼之有成矣。

——〔明〕王阳明

不经风雨,长不成大树；不受百炼,难以成钢。

——雷锋

失败仍成功之母。

——〔英〕培根

学习就像点灯加油,点灯不加油就会变得黯淡无光。

——雷锋

有志者,事竟成,破釜沉舟,百二秦关终属楚；苦心人,天不负,卧薪尝胆,三千越甲可吞吴。

——〔清〕蒲松龄

人生亦如"金之在冶"，我们每一个人都在这个过程中被不断地磨砺、锤炼，最终成为更为坚韧的自己。生活中，挫折和失败不可避免，如同烈焰与钳锤，它们是成长的必要组成部分，是成就美好人生不可或缺的助力。

人类社会的基础在于实践，实践是通向成长的桥梁，是通向成功的路径。人生的每一步，无论是成功还是失败，都是实践的一部分。而我们，正是在一次又一次实践的过程里，不断锤炼自己，找寻出最适合前行的方向。正如王阳明所言，冶炼之苦，正是成金之源；经受锤炼之时，固然辛苦不堪，但它终究能让生命得以升华。我们在成长的过程中，应该欣然面对那些火焰般的考验，因为它们是让我们变得更精纯、更闪耀的基石。

每一个成功者，都曾有过无数次的失败，但这些失败从未使他们止步不前，反而成为他们突破自我、踏上新高度的催化剂。失败并不羞耻，而是一种独特的成长方式。那些在失败面前选择坚持的人，如同金属在火炉中一次次被煅烧，心志愈加坚定，能力愈发卓越。而那些在失败中放弃的人，正如一块未被锤炼完成的金属，终将被丢弃于无用之地。失败并不可怕，真正可怕的是在失败面前自我否定，不敢继续追逐目标。因此，面对失败，我们不应气馁，而应视其为修正自身的契机，作为不断走向成熟的桥梁。

失败者可能在每一次挫折中自暴自弃，但有志者却在每次风雨中愈加坚定。就像雷锋所说："不经风雨，长不成大树；不受百炼，难以成钢。"人的成长过程并不可能一帆风顺，真正的强者必定经历无数次的困境与挫折。风雨，是成长的大考；烈焰，是成才的必经之路。我们需要在这些考验中，不断积蓄力量、汲取经验，让自己在逆境中稳步成长。

在成长的过程中，失败犹如一位无声的导师，它不会直接告诉我们答案，但它会让我们深刻反思，让我们逐步理解何谓正确的路径。失败是通往成功的必经之路，是点亮人生之灯的燃料之一。我们需要在每次失败后，为这盏灯加油，让它在不断的积累与锤炼中越发明亮。人的一生，是不断点燃、不断加油的过程，是将理想和志向一点点实现的过程。失败从不意味着结束，它只是另一个开始，是给予我们机会去修正、去提升的一种方式。

人生就是一个"金之在冶"的过程，是不断煅烧、不断锤炼、不断精进的历程。让我们如金在冶中磨砺自身，不惧风雨、不畏煅烧，成为那个坚韧而璀璨的自己，迎来生命的真正高光时刻。

我害怕为志向而奋斗、吃苦吗？

我为志向而奋斗时遇到困难怎么办？

第二节　生于忧患

舜发于畎（quǎn）亩之中，傅说举于版筑之间，胶鬲（gé）举于鱼盐之中，管夷吾举于士，孙叔敖举于海，百里奚（xī）举于市。故天将降大任于是人也，必先苦其心志，劳其筋骨，饿其体肤，空乏其身，行拂（fú）乱其所为，所以动心忍性，曾益其所不能。

人恒过，然后能改；困于心，衡于虑，而后作；征于色，发于声，而后喻。入则无法家拂士，出则无敌国外患者，国恒亡。

然后知生于忧患，而死于安乐也！

——〔战国〕孟子

某平日亦每有傲视行辈、轻忽世故之心，后虽稍知惩创，亦惟支持抵塞于外而已。及谪（zhé）贵州三年，百难备尝，然后能有所见，始信孟氏"生于忧患"之言非欺我也。

——〔明〕王阳明

投之亡地然后存，陷之死地然后生。

——〔春秋〕孙武

人无远虑，必有近忧。

——《论语》

立志

"人无远虑,必有近忧。"《论语》中的这句话告诉我们,要想立于不败之地,必须具备长远的眼光与深刻的忧患意识。王阳明的智慧和成就,源于他在忧患中不断反思、改过、提升自我。这种内省的力量正是他得以脱颖而出的根本原因。在他身上,我们可以看到一种由困厄到觉醒、由觉醒到超越的生命轨迹。困境之中的坚忍与毅力,使他将外在的困厄转化为内心的力量,最终实现了内在的升华与外在的成就。

生命中的忧患如影随形,它既是外在环境的挑战,也是内心欲望的考验。孙武在《孙子兵法》中提出"投之亡地然后存,陷之死地然后生",这句话无疑是对忧患精神的最佳诠释。在绝境中,人方能激发潜藏的力量,打破原有的桎梏,真正找到生的出路。绝境不是毁灭的终点,而是新生的起点,是走向光明的转折。无论是战场上的生死较量,还是生活中的种种磨难,都是在绝望中催生希望,在困顿中孕育超越。

困境中的超越并不仅仅是物质层面的翻转,更重要的是内心世界的升华。王阳明所追求的"圣人之道,吾性自足",便是对内在修为的一种深刻理解。只有不断反省、内观,才能发现自身的不足,并通过自我修正与内心的修养,迈向新的境界。在这种不断修炼的过程中,人不仅能够战胜外在的困厄,更能够将内心的执着、傲慢一一化解,最终达至宁静致远的境界。

这种"内求"的精神在王阳明的经历中尤为显著。早年他对世事怀有轻慢之心,然而,历经贬谪与困苦,他意识到生命的真正价值不在于外界的荣辱得失,而在于内心的觉悟与升华。人生的真正考验并不只是逆境中的挣扎,也存在于顺境中的沉溺。富贵荣华或许让人一时舒适,然而其中暗藏的安逸与享乐,却极易让人迷失自我,失去向上的动力。孟子的"生于忧患,死于安乐"正是对这种危险的警示。人若失去忧患意识,沉湎于安逸,便会丧失进取的勇气,最终陷入自我毁灭的深渊。

生命的真谛在于不断磨砺自我,在困厄中看到希望,在忧患中找到前行的力量。正如大树在风雨中成长,只有经受住狂风骤雨的洗礼,才能在阳光普照时枝繁叶茂。我们也只有在忧患中反思自身,激发潜力,才能迎来生命的全新升华与蜕变。

第三节　自知与自胜

自知者英,自胜者雄。

——〔隋〕王通

知人者智,自知者明;胜人者有力,自胜者强。

——〔春秋〕老子

能胜强敌者,先自胜者也。

——〔战国〕商鞅

是以志之难也,不在胜人,在自胜也。故曰:自胜之谓强。

——〔战国〕韩非

败莫大于不自知。

——〔战国〕吕不韦

欲胜人者,必先自胜;欲论人者,必先自论;欲知人者,必先自知。

——〔战国〕吕不韦

上兵伐谋,其次伐交。

——〔春秋〕孙武

少说些漂亮话,多做些日常平凡的事情。

——〔俄〕列宁

自知是一种智慧，一种洞察自己的明晰能力。这不仅仅是对自己的外在认知，更是对内在世界的深刻探寻。每个人心中都有一个隐秘的世界，那里充满着情感、欲望、惰性、恐惧，甚至是不愿面对的缺点。要真正了解自己，需要的是勇气与冷静的心境。在这个过程中，我们需要直面自己的弱点，接受那些不完美的部分，并在此基础上找到改进的方向。

自胜，则是实现自知之后的自我超越，是将那些曾经束缚我们的枷锁打破，将那些曾经困扰我们的弱点克服。世间万事万物都可以被征服，但最难征服的，永远是我们自己。人性中有种种欲望和情绪，时常会引诱我们偏离正确的道路。惰性会阻碍我们前进的脚步，欲望会遮蔽我们的双眼，恐惧会让我们止步不前。而自胜，就是对这些内在弱点的有效掌控，是在面对困境时能坚持初心，在面对诱惑时能保持理智。唯有战胜了自我的人，才能无所畏惧地面对外界的一切挑战，走向真正的强大。

自知与自胜，并不是一朝一夕之事，而是一生的修炼。它要求我们时时刻刻保持清醒，反思自己的言行，寻找改进的机会。它也要求我们在面对挫折时不轻易退缩，在面对失败时从中汲取经验，从而不断成长。人生没有一成不变的成功，唯有持续地自我提升，才能让我们在变化的世界中找到属于自己的方向。

在这个充满竞争的时代，外在的成就固然重要，但更为重要的是内心的强大。让我们学会自知，正视自己的内心，接受真实的自己；让我们努力自胜，克服内心的弱点，朝着更好的方向不断前行。

第六章　德与生命价值

第一节　德

人无德不立，业无德不兴，国无德不威！

——《战国策》

厚德载物。

——《周易》

德者，得也。

——〔春秋〕管仲[1]

道得众则得国，失众则失国。是故君子先慎乎德，有德此有人，有人此有土，有土此有财，有财此有用。德者本也，财者末也。外本内末，争民施夺，是故财聚则民散，财散则民聚。是故言悖而出者，亦悖而入；货悖而入者，亦悖而出。

——〔春秋〕曾子

圣人不积，既以为人，己愈有；既以与人，己愈多。

——《道德经》

邦有道，贫且贱焉，耻也；邦无道，富且贵焉，耻也。

——《论语》

---

[1] 管仲：约公元前 723 年—公元前 645 年，中国古代伟大的政治家、思想家、军事家、革命家。后人尊称为"管子"，誉为法家先驱、圣人之师、华夏文明保护者、华夏第一相。管仲第一个提出"礼义廉耻""道"。管仲的著作今称《管子》，内容涵盖各种学术，是后世道家、儒家、名家、法家、农家、兵家、阴阳家等多家学术思想的源头。内阁制、福利社会、减免农业税、控制通货膨胀、鼓励商业、盐铁专卖等都是管仲带给全世界的启示。

立志

君子爱财，取之有道。

——《增广贤文》

持而盈之，不如其已。揣而锐之，不可长保。金玉满堂，莫之能守；富贵而骄，自遗其咎。功遂身退，天之道也。

——《道德经》

计利当计天下利，求名应求万世名。

——于右任

神莫大于化道，福莫长于无祸。

——〔战国〕荀子

大德必得其位，必得其禄，必得其名，必得其寿。

——《易经》

德不配位，必有灾殃；人不配财，必有所失。

——《易经》

凡为善而人知之，则为阳善；为善而人不知，则为阴德；阴德，天报之；阳善，享世名；名，亦福也，名者，造物所忌；世之享盛名而实不副者，多有奇祸；人之无过咎（jiù）而横被恶名者，子孙往往骤（zhòu）发，阴阳之际微矣（yǐ）哉。

——《了凡四训》

第六章　德与生命价值

"德"是中华民族悠久文化中的核心价值，贯穿五千年的历史长河，是构筑个人、家庭、社会乃至国家的基石。从古至今，中华文化都在不断强调德的重要性。无论是古代士大夫，还是现代学子，"德"字始终被置于最高的位置。它不仅关乎个人的道德修养，更关乎社会的和谐发展和国家的强盛。

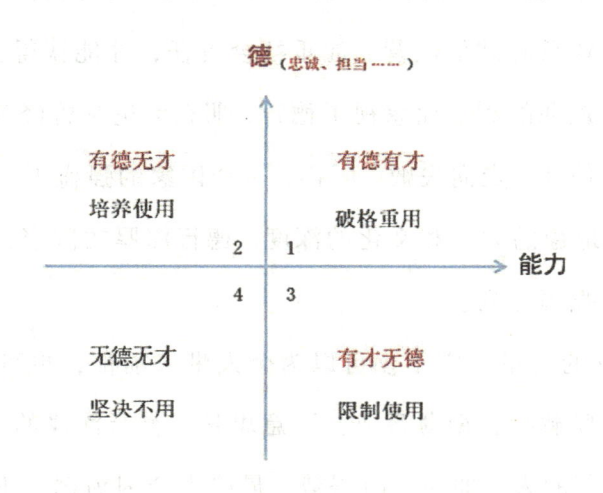

```
              德（忠诚、担当……）
               ↑
    有德无才   │   有德有才
    培养使用   │   破格重用
           2   │  1
    ───────────┼───────────→ 能力
           4   │  3
    无德无才   │   有才无德
    坚决不用   │   限制使用
```

"人无德不立，业无德不兴，国无德不威。"这句话道出了德的重要性。一个人如果没有德行，便难以立足于社会；一个事业如果缺乏道德基础，终究难以长久；一个国家如果没有道德力量的支持，也难以屹立于世界之林。因此，德不仅是个人品格的基石，也是社会稳定与国家兴盛的根本。纵观上下五千年，无数历史的兴衰沉浮，背后无不与"德"息息相关。

德的意义不仅体现在个人层面上，它同样是家庭、事业乃至国家的基石。在家庭中，德行是衡量一个人是否值得信赖的关键标准。正如选择伴侣时，我们往往更看重对方的德行，而不仅仅是物质条件。婚姻是人一生中最重要的决定之一，选择一个有德之人，意味着选择了一种互相尊重、宽容、理解和相互支持的生活方式。反之，如果选择了一个缺乏德行的人，生活中便会充满猜疑、不信任和痛苦。德行不仅是婚姻幸福的保障，更是家庭和谐的基础。

在教育中，"立德树人"始终是根本任务。无论是"德智体美劳"全面发展的教育理念，还是如清华大学"自强不息、厚德载物"的校训，无不强调德行的重要性。

德，是人格的基石，是人才培养的核心所在。教育的目的不仅是传授知识，更是塑造品格。一个人拥有再多的知识和技能，如果没有德行，也难以对社会产生积极的影响。德厚者，如大地般能够承载万物，而德薄者，则如浮萍，随波逐流，难以在生活中立足。

德的影响同样延伸至社会生活的方方面面。对于企业而言，德行是企业立足和发展的根本。一个企业只有诚信经营、注重社会责任，才能获得公众的信任和支持。如果一个企业只追求短期的利益而忽视了德行，那么无论它曾经如何成功，最终都会失去市场和消费者的信任，走向失败。同样，一个国家的强盛不仅在于经济的繁荣和军事实力，更在于其道德的力量和文化的深度。德行深厚的国家，才能赢得世界的尊重，才能长久屹立于强国之列。

德行是一种无形的力量，它不仅可以为个人带来福祉，也可以让社会变得更加美好。古人云："德厚载物，德薄事败。"意思是，德行深厚的人，能够承载万物，成就事业，而德行浅薄的人，即便一时得势，最终也会因为德行不足而失败。德行是一个人的基石，也是一个人成就事业的根本。在我们追求事业的成功时，往往会面临各种诱惑和挑战，只有具备深厚德行的人，才能在各种诱惑面前保持初心，不被物质利益所左右，最终走向真正的成功。

德行的培养，首先在于自我修炼。每个人都应当问自己：我希望成为一个有德之人，还是无德之人？如果我为人父母，我是否有能力将孩子培养成有德之人？如果我为人师长，是否能够以身作则，将学生培养成有德之人？如果我为人领导，是否在选拔和培养干部时，重视他们的德行？只有我们每一个人都能够从自我做起，重视德行的培养，社会才会变得更加和谐美好。

德行的力量在于它能够带来真正的价值和幸福。马克思主义认为，劳动创造价值，而德行也是一种无形的创造力。一个善良的微笑、一声体贴的问候、一个暖心的举动，都能够为他人带来温暖，创造无形的价值。而这种价值，往往比物质财富更加珍贵。财富的积累只能带来一时的满足，而德行的修炼却能够让人获得心灵的宁静和真正的幸福。正如古人所言："德不配位，必有灾殃。"只有当一个人的地位与他的德行相匹配时，才能真正享受生活的幸福和成就的喜悦。

德行的培养不仅是个人的修行，也是社会的责任。儒家经典《大学》指出："德者本也，财者末也。"只有具备德行，才能拥有财富，才能拥有幸福。而如果一个人只追求物质的满足，而忽视了德行的修炼，那么他的财富和地位也终将不稳。因此，德是幸福的根本，是社会和谐的基石。

"德"是一个人立足于社会的根本，是家庭和睦、事业成功、国家强盛的基础。只有重视德行的培养，才能在纷繁复杂的社会中找到方向，找到真正的幸福。德行如同一盏明灯，为我们指引前行的道路，让我们在追求个人成就的过程中，不迷失方向，不被短暂的诱惑所左右。只有具备深厚的德行，我们才能在生活的每一个阶段，都保持内心的平静与充实，最终实现个人价值与社会价值的统一。

如果你为人父母，能将孩子培养成有德之人吗？

如果你为人老师，能将学生培养成有德之人吗？

如果你为领导，选拔、培养干部，是否考虑"德"这一要素？

你自己是想成为"无德之人"还是"有德之人"？

你如何理解"人无德不立"？什么是"德"？

以自己一天的生活为例，列举自己有哪些"德"，哪些"得"？

从父母那里，你是"德"多，还是"得"多？

在学校班级或单位，你是"德"多，还是"得"多？

第二节　和

人生于地、悬命于天，天地合气，命之曰人。

——《黄帝内经》

和为贵。

——《论语》

和者，天之正也，阴阳之平，其气最良，物之所生也。

——〔西汉〕董仲舒

万物各得其和以生。

——〔战国〕荀子

气之在人，和则为正气，不和则为邪气。百病生于气也。

——〔明〕张景岳

气相得则和，不相得则病。从其气则和，逆其气则病。

——《黄帝内经》

五味入口，藏于肠胃，味有所藏，以养五气，气和而生，津液相成，神乃自生。

——《素问·六节藏象论篇》

喜怒哀乐之未发，谓之中；发而皆中节，谓之和；中也者，天下之大本也；和也者，天下之达道也。致中和，天地位焉，万物育焉。

——《中庸》

人生于天地之间，命悬于天而情系于地。天地合气，万物生焉。人亦生于这自然秩序之中，与万物共享一片和谐的气息。孔子说："和为贵。"这是对生命本质最深刻的概述。万物的根本，在于"和"。人的一生，不仅仅是存活于天地之间，更是要与天地之气相契合，在外与万物和谐共处，在内与自我身心调和共融。正所谓，和者，天地之正，生命之道也。

人们在日常生活中却常常陷入各种不和之中：有时吃了某种食物后肠胃不适，身体失衡；有时与家人争执，关系紧张；有时情绪积压，不得舒缓，心绪失调。每一种不和的状态，都是生活中的警讯，提醒着我们偏离了调和之道。现代社会的节奏愈发加快，追逐名利与欲望的心态加剧了人们的焦虑，这种种不和让生命之河失去了平衡的航道。

在古人看来，万物皆得其和而生。董仲舒认为，"和"是天地间的正道，是阴阳平衡的产物，是万物生生不息的根本。气之在人，和则为正气，不和则为邪气；百病皆因气之不和而起。中医典籍《黄帝内经》指出，健康之人称为"平人"，平者，乃内外均衡之意。身体的五脏六腑本应协调运作，若其间失去了应有的和谐，就会导致疾病，甚至危及生命。而当身心在"和"的状态中，精神才能得到滋养，生命的力量才能充盈，人在天地之间便自如自在。

"和"是一个人内在健康与外在和谐的关键。生活中的五味、情绪、人与人的关系，皆须守于"和"中。五味调和，则脏腑安定；情绪调和，则精神得以舒展。喜怒哀乐，发而皆中节，谓之和；若逾越适度，则会生出疾病，扰乱气息，正如暴怒令人猝死，过度欢喜令人癫狂，过度惊恐则神思不定。我们需要保持情绪的中和，以免情绪的波动给身体和心灵带来伤害。

"反者道之动"，面对种种不和，唯一的解决之道便是"调和"。所有的圣贤经典，其目的皆在于教导我们如何达到调和的境界。正如荀子所说："万物各得其和以生。"调和是一种修养，是人与自然、人与人、人与自我关系中的艺术。生活中的每一个细微之处，都可以视作修习调和的场所。与家人和睦相处，便是感受和谐的温暖；与同事友好协作，便是体会彼此成就的美好；在五脏六腑间保持和谐，便是养生

立志

的智慧。在这样的和谐中，个体生命与万物融为一体，自然的气息得以贯通，人的灵魂也获得真正的自由与充实。

我们用心去检视自己的生活，会发现很多时候，所谓的不和，并非不可调和，而是我们缺少了对和谐的敏感与追求。或许是因为生活的忙碌，让我们忽视了身体的微弱信号；或许是因为内心的固执，让我们忽略了亲人、朋友之间应有的谅解与关怀。当我们停止了内心的冲突与分裂，与自我达成一种和平的契约，我们的五脏六腑才能真正调和，精神得以愉悦，身体得以康健。

对于那些有志于成为教育者、医者的人而言，这种对"和"的理解尤为重要。教育是一种引导，医道是一种调理，而二者的根本无不在于引人向和。教育者若能从心底追求自我身心的和谐，才能用内在的平和去滋养学生的心灵；医者若能保持身心健康，便能更好地体察病者的疾苦，促进其身体的复原。所谓"为天地立心，为生民立命"，那些有志于此的人，立志成为身心和谐之人，不仅是为了自己的幸福，也是为了社会的和谐，为了让更多的人得以健康而幸福地生活。

在漫长的人生旅途中，追求和谐不应是短暂的愿望，而应成为恒久的志向。这种和谐，不仅仅是外在的安宁，更是内在的一种安定与喜悦，是对万物之生的慈悲，是对生命本质的理解与尊重。只有在这份深深的和谐中，个体的生命才能从容地展开，才能真正实现与天地共振，与万物共舞的自由境界。愿我们每个人都能从自身出发，调和五脏六腑，调和喜怒哀乐，调和与他人的关系，成为一名"平人"，在天地之间活出一种自然与和谐的美。

> 检视一下自己，五脏六腑有哪些不和？
> 你与家人、单位、客户等关系是否和？

第三节　生命价值

活着不是目的，好好活着才是。

——〔古希腊〕苏格拉底

吃饭是为了活着，但活着不是为了吃饭。

——〔古希腊〕亚里士多德

人生的价值是由自己决定的。

——〔法〕卢梭

一个人的价值，应当看他贡献什么，而不应当看他取得什么。

——〔德〕爱因斯坦

人只有献身于社会，才能找出那实际上是短暂而有风险的生命的意义。

——〔德〕爱因斯坦

路是脚踏出来的，历史是人写出来的。人的每一步行动都在书写自己的历史。

——吉鸿昌

人固有一死，或重于泰山，或轻于鸿毛。

——〔西汉〕司马迁

宿命论是那些缺乏意志力的弱者的借口。

——〔法〕罗曼·罗兰

立志

生命的意义何在？这是一个古老而深邃的问题。人类对生命的追问从未止步，而答案却在每一个人的行为与态度中被不断地探寻和定义。生命的价值，不仅是存在于这个世界上的痕迹，也是通过我们的行动和思想不断赋予的意义。生命的价值，并不是单纯由外界给予的，而是由自己不断创造与塑造的，是对他人、对社会的点滴贡献积累而成的总和。

$$【生命价值】 = \sum_{出生}^{永远}【德】 = \sum_{出生}^{永远}【创造价值】$$

在我们每天匆匆的生活中，常常有人感到迷茫：活着的意义究竟是什么，是满足生理需求，还是追求名利的辉煌，还是要做些其他什么？诚然，我们离不开吃喝，离不开生活的基本需求，然而吃饭并不是我们存在的最终目的，衣食无忧并不能替代内心对价值感的追寻。一个人真正的生命价值，远不止于此，它来自你对他人、对社会的影响，来自你如何用双手创造出有形或无形的价值。

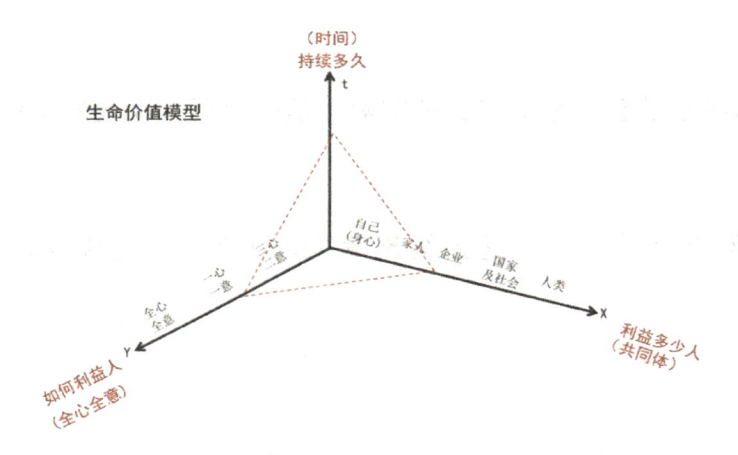

生命价值模型

（图：三维坐标系，t轴为"（时间）持续多久"，X轴为"利益多少人（共同体）"，标注"自己（身心）家人 企业 国家及社会 人类"；Y轴为"如何利益人（全心全意）"）

价值感的意义在于，它使我们感受到自己的生命不再孤单而微渺，而是被需要、被肯定的存在。无论是清洁工的劳动，还是科学家的伟大发现，价值感本质上源自我们所创造的东西，源自对他人和社会的贡献。一个人若缺乏对自身价值的感受，就如同在茫茫大海中失去了航向的帆船，即使拥有充裕的物质财富，依然会感到空虚和不安。真正充盈的生命，需要我们持续去创造、去贡献，而不是在虚度中等待时间的流逝。

在社会中，我们每个人扮演的角色不同，肩负的责任也各异，但这并不意味着某些职业比其他职业更有意义。清洁工在一栋办公楼里用双手维持着整洁，为每一个在其中工作的人带来舒适感与愉悦感，这种有形与无形的价值便是她生命意义的一部分。而科学家通过知识的探索，将世界的奥秘揭示出来，影响着无数人的思维与生活。不同的角色，不同的方式，体现了多样化的生命价值。正如一滴水汇入大海时才能不枯竭，我们的生命也只有与社会的整体联系在一起时，才能焕发出持久的意义与力量。

生命价值的体现，源于我们创造的正价值与负价值的平衡。每个人的行为，都会给社会带来影响，有正向的，也有负向的。而在这一过程中，我们每一个人都面临着选择：是让自己成为社会进步的推动者，还是成为阻碍者。生命的长短虽不受个人所控制，但它的重量却由我们自己来决定。也许有的人一生短暂，却光辉灿烂；有的人碌碌无为，即使活得再久，也如浮萍一般，没有留下任何痕迹。人的价值，取决于你所贡献的，而不是你所获得的，这种价值既可以来自物质，也可以来自精神，乃至于思想的延续。

创造更多的价值，便是提升生命价值的最直接的途径。而这份创造并非一定要轰轰烈烈，足以影响整个人类历史的伟业；它也许只是你在平凡的岗位上坚持不懈地工作，在家庭中对亲人全心全意的关爱，甚至是对陌生人的一份小小的帮助。每一个生命价值的延续，都是通过不断地影响他人来实现的。孟母三迁育子成才的故事，千百年来成为教育的典范，这种延续性的生命价值便让她的名字被历史铭记。延续创造价值的过程，不仅提升了自己的生命坐标，也影响了他人甚至后世。

我们常说，人的一生可以有不同的重量。有些人轻如鸿毛，有些人则重如泰山。这里的重量，便是生命的价值，是通过对社会的贡献而积累起来的。如果一个人所创造的正价值远远大于负价值，那么他将被社会铭记，他的生命也因此而厚重。我们不应把人生仅仅当作一次旅程，更应把它视作一个赋予世界美好与价值的过程。

每一个普通人，都有自己的独特性和可能性。每一天的努力，每一次的善举，都在为我们的生命赋予更多的意义。成长并不是一蹴而就的，价值的积累也需要时间的沉淀。重要的是，我们是否愿意迈出第一步，是否有勇气从当下开始，去创造属于自己的生命价值。通过不断提升自己,服务他人和社会,我们的生命将变得更加充实,心灵将充满富足感和幸福感。

生命不是被动的接受,而是主动的创造;价值不是外在的赐予,而是内在的体现。我们每个人都应在自己的一生中,找到属于自己的坐标,确定自己想要实现的生命价值点,并为之努力奋斗。只有这样,我们才能在漫漫人生路上,书写出属于自己的光辉篇章,留下无愧于心、无愧于时代的印记。

第四节　自我评价

德章曰："闻先生以精金喻圣，以分（fèn）两喻圣人之分量，以锻炼喻学者之工夫。最为深切。惟谓尧、舜为万镒（yì），孔子为九千镒，疑未安。"先生曰："此又是躯壳上起念，故替圣人争分两。若不从躯壳上起念，即尧、舜万镒不为多，孔子九千镒不为少。尧、舜万镒，只是孔子的。孔子九千镒，只是尧、舜的。原无彼我。所以谓之圣，只论精一，不论多寡。只要此心纯乎天理处同，便同谓之圣。若是力量气魄，如何尽同得？后儒只在分两上较量，所以流入功利。若除去了比较分两的心，各人尽着自己力量精神，只在此心纯天理上用功，即人人自有，个个圆成，便能大以成大，小以成小。不假外慕，无不具足……后儒不明圣学，不知就自己心地良知良能上体认扩充。却去求知其所不知，求能其所不能，一味只是希高慕大，不知自己是桀、纣心地，动辄要做尧、舜事业，如何做得？终年碌碌，至于老死。竟不知成就了个甚么。可哀也已！"

——〔明〕王阳明

在纷繁复杂的社会舞台上，人们往往乐此不疲地扮演着评判者的角色，对他人的行为、成就乃至品德评头论足。然而，在这喧嚣的"评价之声"中，一个深刻而常被忽视的真理静静流淌——我们无法真正洞悉他人的内心世界与全貌，却往往轻易下定论，忽略了自我审视的重要性。

"知人者智，自知者明。"古人之言，至今仍振聋发聩。在这个信息爆炸的时代，我们似乎拥有了更多的"知识"去评判他人，却鲜少将这份洞察力转向自身。我们忘了，真正的智慧不仅在于对外在世界的认知，更在于对自我内心的洞察与理解。正如苏格拉底所言："我唯一知道的就是我一无所知。"这份对自我认知的谦逊，是通往智慧殿堂的第一步。

评价他人或许能带来短暂的满足感，但比这更为深远且宝贵的是能够正确评价自己。自我评价不是简单的自我肯定或否定，而是基于对自己的能力、局限、价值观及行为后果的深刻反思。这一过程要求我们诚实地面对自己的弱点，勇敢地承认错误，同时也要看到自己的潜力与进步。正如钻石需经打磨方能闪耀，人的潜能也需通过不断的自我评估与提升才能得以显现。创造多少价值，更应成为我们评价自己的最重要的基点。只有创造了价值，自己才有价值。

因此，让我们学会放下手中的"评价尺"，转而拿起内心的"自省镜"。在每一次的自我审视中，不仅要看见不足，更要看到成长的空间；不仅要追求外在的成功，更要关注内在的丰盛。记住，最深刻的了解源自内心，最伟大的价值始于自我创造。在这条自知之明的道路上，每一步前行都是向着更加真实、完整的自我的迈进，也是对生命价值的最好诠释。

第七章　常见的成长疑问

第一节　为什么进步慢

后世大患，尤在无志，故今以立志为说。

——〔明〕王阳明

因上努力，果上随缘。

——〔清〕曾国藩

陆澄问："知识不长进，如何？"

王阳明先生曰："立志用功，如种树然。方其根芽，犹未有干。及其有干，尚未有枝，枝而后叶，叶而后花实。初种根时，只管栽培灌溉，勿作枝想，勿作叶想，勿作花想，勿作实想。悬想何益？但不忘栽培之功，怕没有枝叶花实？"

——〔明〕王阳明

为什么我们常常感到进步缓慢，甚至在漫长的岁月中不见起色？在这一过程中，或许是因为我们遗失了真正的起点——立志。

一个人缺乏志向，便如同一艘漂泊在大海中的船，没有指南针的指引，只能随波逐流，最终迷失于无边的黑暗之中。王阳明说："后世大患，尤在无志。"立志，不仅是为了个人的成长与修养，更是使人生有意义、使社会得以前进的重要力量。志向，是引导我们走向未来、开创生活路径的灯塔。它让我们从无序的时间流中找到方向，寻得一个与内心深处契合的使命。因此，立志成了所有行动的出发点，没有它，

立志

一切努力都如同在荒原中徒劳地奔走,得不到丝毫回应。

曾国藩曾言:"因上努力,果上随缘。"这句话道出了一种看待成果的智慧:努力是我们的责任,而结果则交给时间与命运。这不禁让人联想到树木的生长过程——从种子埋入土壤,到萌芽、成干、展枝、长叶,再到开花结果,这一过程无不需要时间与耐心。人的成长亦是如此,尤其在一开始时,我们常常会急于见到成果,期望通过短暂的努力便能收获丰硕的果实,然而,这种心态注定了事与愿违。王阳明用"种树"来比喻立志与用功的过程,他强调:"方其根芽,犹未有干;及其有干,尚未有枝;枝而后叶,叶而后花实。"成长如同种树,需要根系稳扎,枝叶繁茂,花开果结,一切都需要时间,不能操之过急。

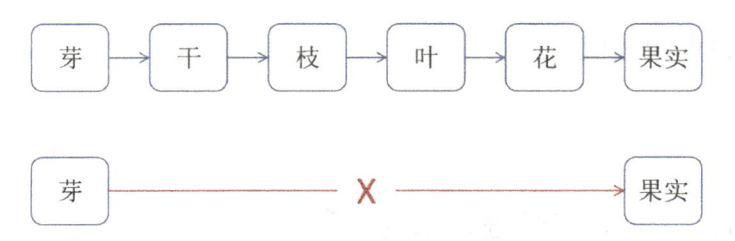

芽 → 干 → 枝 → 叶 → 花 → 果实

芽 ——X——→ 果实

志向是成长的根本,根深蒂固才能枝叶繁茂。立志时,不能贪图一时的安逸,亦不能只顾眼前的得失,急功近利往往会让我们忽视了深厚积累的重要性。陆澄向王阳明请教"知识不长进"这一困惑时,得到的回答无疑是充满智慧的:"初种根时,只管栽培灌溉,勿作枝想,勿作叶想,勿作花想,勿作实想。悬想何益?"这一回答强调了过程的重要性,不要在根尚未扎稳之际就过多期望果实的出现,否则,只会带来无尽的失望与挫败。志向的确立是一个过程,而成就的获得是这个过程中自然的结果。因此,我们需要把注意力放在当下的努力与耕耘上,坦然面对成长中的每一步,笃定地为未来的可能性打下坚实的基础。

17岁的马克思立下"为人类而工作"的志向,他并不是追求成为一位伟大的哲学家,但恰恰因为这个志向,他的思想影响了数代人。这正说明了志向对一个人一生的重要引导作用。志向并不仅仅是设立一个可量化的目标,它更是对未来愿景的一种承诺,是激励我们不断行动的动力源泉。马克思的志向使得他一生为改变世界而奋斗,而不仅仅是埋首于哲学书籍。每一个志向背后,都孕育着一个人想要成为什么样的人,而这个志向正是所有行动的出发点和归宿。

我们常常羡慕那些看似轻而易举取得成就的人，却忽略了他们在背后付出的坚持与努力。而那些没有明确志向的人，尽管也会在成长中投入精力与时间，但他们的努力往往是散乱而无效的。犹如一棵无根的树苗，虽然阳光雨露并不少见，却始终无法向上成长，因为它缺少了那个深深扎根在土壤之中的"志向"。

为什么我们进步慢？或许并不是因为能力不够或天赋不足，而是我们缺乏一份明确而坚定的志向，缺少了一份"因上努力，果上随缘"的坦然态度。我们必须学会在过程中不断磨砺自己，在每一个日子中积累经验，不急功近利、不贪图快速的成果。而是如种树般，在每一个阶段为根、为干、为枝、为叶付出心力，把目光聚焦于眼前的努力，让一切顺其自然地生长。

我们立下志向，便如同在心中植下一颗种子。这颗种子或许看起来微小，但它有着无穷的可能性。它会随着我们的努力而慢慢成长，最终，枝叶繁茂，花开果实。而我们能做的，就是在每一天用心去浇灌它，让它在时间的积淀中自然生长。在成长的道路上，不必焦虑于为何进步缓慢，而应相信志向的力量，相信扎实的努力与耐心终将收获丰硕的成果。

立志的意义不在于追求立竿见影的成就，而是确立一个值得我们为之奋斗的方向，坦然面对成长中的每一个阶段。只有当我们懂得深耕细作，懂得"因上努力，果上随缘"，才能不为一时得失而困扰，也不为外界喧嚣而迷茫，最终走向属于自己的人生巅峰。

第二节　用功是否在正确道路上

大宗伯[1]乔白岩先生将之南都，过阳明子而论学。

阳明子曰："学贵专。"

先生曰："然。予少而好弈，食忘味，寝忘寐，目无改观，耳无改听，盖一年而诎乡之人，三年而国中莫有予当者，学贵专哉！"

阳明子曰："学贵精"。先生曰："然。予长而好文词，字字而求焉，句句而鸠焉。研众史，核[2]百氏，盖始而希迹于宋唐，终焉浸入于汉魏，学贵精哉！"

阳明子曰："学贵正"。先生曰："然。予中年而好圣贤之道，弈吾悔焉，文词吾愧焉，吾无所容心矣，子以为奚若？"

阳明子曰："可哉！学弈则谓之学，学文则谓之学，学道则谓之学，然而其归远也。道，大路也，外是荆棘之蹊，鲜克达矣。"

——〔明〕王阳明

1　大宗伯：礼部尚书之别称。
2　核：核查。

人生如航行于茫茫大海之中，学问便是那指南针，指引着我们寻找通往未知之路的方向。然而，用功之道并非一味地坚持与努力，更为重要的是"学贵专""学贵精""学贵正"。这是我们对自身求知的过程的深刻反思。乔白岩先生与阳明子之间的对话，揭示了一个学习者在追寻真理的路上逐步深入的路径。

所谓"学贵专"，是追求学问的起点。专注，是打破知识屏障的第一把钥匙。乔白岩先生谈到自己少年时痴迷于围棋，以至于废寝忘食。他以如此专注的态度学习，使得一年之间技艺超越了乡中高手，三年之后已无人能与之匹敌。这种对棋艺的专心无二，恰是"专"的典型体现。对于任何学问的追求，唯有专心致志，方能有所成。专注不仅仅是一种态度，它是一种精神力量，能够使我们不为纷繁杂念所扰，将心神全部凝聚在所学之物上。因此，专注不仅仅是达到专业水准的途径，更是一种对于知识的虔诚敬畏，是通向高远境界的阶梯。

仅有专注还远远不够，学问还需"精"。"精"是学问的深入，是追求精益求精的不断探索。乔白岩先生在成年时迷上了文词，他钻研众多历史，研读百家之说，力求每一字每一句都经过深思熟虑，从而在文辞上达到极致的精妙。他追溯宋唐之风，深入汉魏古韵，既有古人的足迹可循，又有自己心血的独特化育。这正是"学贵精"的体现。学习不仅是积累知识，还要内化知识，成为自己的一部分。它需要我们去深入思考，将书本上的知识转化为我们内心的领悟和洞见。一个人能够准确把握学问的精髓，不只是机械地模仿和背诵，而是用心灵的火花将其熔炼，学问便会焕发出属于自己的光彩。

学问的最高追求，还在于"正"。正，是学习的方向与目标，是学问的道德根基与人生指引。乔白岩先生中年之时，回望自己所学的棋艺和文辞，竟感到深深的悔意与惭愧。他意识到，自己过去的追求虽然专心，也达到了极致，但在更高的意义上，却未必具有真正的价值。王阳明曾言："道，大路也，外是荆棘之蹊，鲜克达矣。"学问应当服务于正确的目标，只有当学问朝向真理与道德，才能称之为"正"。若一个人所追求的只是技艺的精湛，而未曾考虑其是否能服务于人生的大道，那么这种追求终将迷失在荆棘丛中。学习的最终意义，应该是对人生道路的引导，是对道德修养的提升，只有具备这种内涵的学问，才能真正造福于自己与他人。

学问之道如同攀登高山，山脚之下，万物纷乱，需要专注才能找到一条清晰的上山之路；登高之后，需要精益求精，不断提升自己对学问的理解与掌握；当抵达山巅时，方能看清学问的全貌，将它与人生、社会相结合，使学问不再是孤立的知识，而是成为生活的一部分，成为心灵的力量源泉。

由此观之，追求学问并不仅仅是为了掌握一门技艺或获取某种能力，而更在于对自己内心的不断塑造与完善。我们需要先专注，后精进，最终在正道中找到学问的真谛。只有具备了这三重修为，学问才不至于流于浅薄，才不至于止步于工具的层面，而是能够滋养我们的心灵，拓宽我们的视野，成为我们通往更加美好的生活的桥梁。

当我们在学问的路上跋涉时，应该时刻反思：我们的努力是否在正确的方向上？我们所追求的学问是否有利于社会，有益于他人？在这个信息爆炸的时代，专注变得尤为难得，精进的追求也常被浮躁与急功近利所取代，而"正"的精神，则更是被忽略。但若我们能将"专""精""正"融于学习与生活中，便能走上一条真正通向智慧的康庄大道。

在这条通向智慧的路上，我们如同在黑夜中寻找曙光。专注是那最初的星光，精进是闪耀的月光，而正道便是最终的日出，驱散一切黑暗，让学问之光温暖整个世界。愿每一位求知者都能怀抱"专""精""正"的精神，用心用功，于无尽的学海中，找到属于自己的大路。

第三节　困忘志

盖终生问学之功，只是立得志而已。

——〔明〕王阳明

来书云：日用工夫只是"立志"。近来于先生诲（huì）言时时体验，愈益明白。然于朋友不能一时相离。若得朋友讲习，则此志才精健阔大，才有生意。若三五日不得朋友相讲，便觉微弱，遇事便会困，亦时会忘。乃今无朋友相讲之日，还只静坐，或看书，或游衍经行，凡寓目措身，悉取以培养志，颇（pō）觉意思和适。然终不如朋友讲聚，精神流动，生意更多也。离群索居之人，当更有何法以处之？

——〔明〕王阳明

人的一生，莫过于不断地与自己的内心对话，寻找意义与志向。然而在这追寻的路途上，我们却时常被困住，被遗忘。所谓的"困忘"，不仅是面对困难时的畏缩，还是在成功之后的自满。困住的不仅是外界的境遇，更多的是内心志向的摇摆。正如王阳明所言，终生问学之功，归根结底便是立得一志。志若不坚，则如浮萍，风一吹，浪一打，终不能安稳立于水面，愈无根而愈无止所。

人之志，是力量的源泉，是心灵的灯塔。然而，若这志向并非发自心底的真切，就容易在遭遇困难之时，生出怀疑与退缩之心。面对艰难，我们往往问自己，这条路是否值得继续？是不是走错了方向？而当我们稍有成就，又会陷入自满，觉得已经达到了某种高度，无须再为志向付出更多。志若欠真切，便如寒冬中燃起的微火，稍有

立志

风吹草动，便黯淡无光，甚至熄灭无踪。

立志，是一种不断复苏与反省的力量。正如王阳明所述，日用工夫，只在于立志。"立志"，不仅是指某一瞬间的雄心勃发，而是如同日日汲水的工夫，每时每刻都要提醒自己，精进自我。因为无论顺境逆境，志向都是一种生命的指引，既是在风雨飘摇中前行的勇气，也是目眩神迷时保持清醒的准则。

如何才能让志向真切不移，如何避免困忘，如何不被自己的迷茫与惰性所困住？在王阳明的学问中，志向的维持与精进离不开朋辈之间的交流和相互砥砺。他写信言道，若三五日不得朋友相讲，便觉微弱，遇事便会困，亦时会忘。志向如火苗，需得风助火势，方能愈烧愈旺。朋友之间的讲习与共勉，便是那助力之风，能让原本微弱的志向火焰重新燃起、更加壮阔。

我们也无法时时身边都有这样的友人相伴，终究，志向的真切要靠自己培养。自家痛痒，只有自己最清楚，自家的问题，终究需要自己去解决。立志在心，不在于他人之助，关键在于内心的不断省察与深耕。在无人相伴的日子里，王阳明选择静坐、看书、游衍经行，这些看似平常的生活细节，皆可用来滋养志向。只要心中有志，凡所见、所思、所感皆可为修身的契机，日用之间，时时警惕，时时自省，志向才能日益稳固与生动。

我们置身喧嚣与浮躁的现代生活中，困与忘往往更为常见。面对纷繁复杂的外界诱惑，我们的志向常常被牵扯而渐渐模糊。也许我们立志时曾热血澎湃，豪情壮志，但时日一久，便被忙碌的事务和外界的声音所吞没。为了避免"困忘"，我们需要不断在心灵深处点燃志火，使其保持长明。若无朋辈相讲相砥，则更要以自省为主，时常与自己对话，在书本的世界里寻找前行的力量，或在宁静中找到对志向的最深刻体验。困与忘，往往是因为志欠真切，而立志需要耐心，更需要勇气去抵抗生活中的那些让人止步的阻力。

志向是贯穿人生的一条主线，但它不是一成不变的。有时它需要修正，有时需要重新点燃。无论是在困境中，还是在成功之际，我们都必须对自己的志向保持清醒与敬畏，不能因为一时的成败而轻易动摇。立志如山，不可因风霜而易其高远；立志如海，不可因激浪而弃其深沉。志向的真切与坚定，是人生迈向光明与意义的保证。它超越了个人的荣辱与得失，成为我们存在的根本与生命的指南。

立志是一生的功课，不仅仅在于目标的设定，更在于日常的涵养与精进。志之所以立，是因为它承载了生命的追求与理想，而志之所以坚，是因为它在生活的磨砺中不断得以反复打磨。志的立定与坚持，如同大地上扎根的大树，尽管风吹雨打、季节更替，根基却愈发深厚，枝叶愈发繁茂。每一次困境，都是对志向的一次考验，而每一次从困境中脱困而出的过程，便是对志向的滋养与浇灌。

困与忘并不可怕，重要的是每次意识到自己陷入其中时，都能重新审视自己的志向，找到那份真切与坚定。无论外界如何动荡，内心那一方净土必须守住。志在，路便在；志坚，心不乱。愿每一个在人生旅途上行走的人，都能在困惑中找到志的力量，在迷茫中寻得前行的方向，勇敢面对人生中的困与忘，持之以恒地追寻内心深处的那一束光。

第四节　悬空

有一属官，因久听讲先生之学，曰："此学甚好，只是簿（bù）书讼（sòng）狱（yù）繁难，不得为学。"先生闻之曰："我何尝教尔离了簿书讼狱，悬空去讲学？尔既有官司之事，便从官司的事上为学，才是真'格物'。如问一词讼，不可因其应对无状，起个怒心；不可因他言语圆转，生个喜心；不可恶其嘱托，加意治之；不可因其请求，屈意从之；不可因自己事务烦冗，随意苟且断之；不可因旁人谮（zèn）毁罗织，随人意思处之。这许多意思皆私，只尔自知，须精细省（xǐng）察克治，惟恐此心有一毫偏倚，枉人是非，这便是格物致知。簿书讼狱之间，无非实学。若离了事物为学，却是着空。"

——〔明〕王阳明

纸上得来终觉浅，绝知此事要躬行。

——《论语》

"读书是学习，使用也是学习，而且是更重要的学习。""学习的目的全在于运用"。真正的学问并不是远离尘嚣、悬空于俗世的抽象思辨，而是在世间的具体事务中磨砺出的真实体悟。就如属官因公事繁忙而抱怨无法静心学习，王阳明则说："我何尝教尔离了簿书讼狱，悬空去讲学？"他以此言点破了一个深刻的真理：真正的"学"，不在于逃避事务，而在于以心中无垠的学问直面人生的纷繁复杂，以格物致知的方式从实事中找寻智慧。

我们对这个世界的理解与反应，遵循着一种内在的逻辑链条。我们所有的言语和行为，皆源自我们对世界的"知"与"念"。然而，这种"知"并非僵化的知识积累，而是通过与外界互动、不断实践所获得的活生生的认知。这也呼应了那句古训："纸上得来终觉浅，绝知此事要躬行。"学问的最终目的，不是成为书本上的死知识，而是成为我们行动中的智慧，成为我们面对纷繁复杂世界时的一种响应机制。

面对事务，尤其是那些令人头疼的事务，我们常常会心生厌倦之情，或许我们会在心中暗自期盼能有一片没有纷争、没有烦扰的净土，可以在那里清心寡欲，追求纯粹的智慧。然而，若我们仅仅将"学"局限在这些脱离世事的领域中，那便如王阳明所说的"着空"，在空无一物的地方空谈大道理，不仅无益于真正的学问，更会让我们渐渐远离生活的本质。

真正的格物致知，并不是脱离生活，而是深入生活，将我们内在的智慧应用于外在的事务。一个官员面对的是讼狱簿书，他的学问便在如何公正地断案、不为自己的情绪所左右，这便是最真实的修行。正如那句提醒——"不可因其应对无状，起个怒心；不可因他言语圆转，生个喜心"。每一个决定、每一个判断，都是心与物的相互作用，是知与行的统一，是个人智慧的锻炼与体现。

人心往往易受外界影响。喜、怒、悲、欢，无一不是心对外界刺激的反应。王阳明指出，这些反应都带有主观的情绪和偏见，而这种偏见是影响我们做出公正判断的最大障碍。克制这些偏见、保持心境的平和，便是修行的真谛。如此看来，真正的"知"便不仅仅是理解事物的道理，更是理解并克服自己的情绪，达到一种内心的明澈与超然，这正是"知念行"的结合与升华。

立志

学习的目的，从来不是远离人世的烦扰，也不是为了在学问中获得某种自我陶醉的虚荣，而是为了更好地解决现实中的问题。学习的目的是提升自己，而"知"的改变最终必然带来"行"的改变。只有真正深入生活的每一个角落，去面对琐事中的纷繁，才能将所学化为一种活生生的智慧。

人生的学问，不在于远离尘世，而在于直面世事，以心灵的明镜去观照、理解、判断。王阳明的思想启示我们，唯有真正深入生活，在具体的事物中不断实践，不断克服内心的杂念，才能真正理解学问的精髓，并在生活中获得自由与平和。所谓"悬空去讲学"，不过是舍本逐末的空谈，唯有在尘世之中，在具体的事物中，将"知念行"贯通起来，方能体会到学问的真正价值与人生的深刻意义。

格物致知，在于无论身处何境，都能于最寻常之事中自我修炼，在纷杂的事务中成就学问。悬空而不着地，便失去了学问的根基，而扎根于生活，方能在风雨中站稳，收获一份心灵的清宁与力量。这正是王阳明为我们揭示的智慧之路，也是我们每一个人在人生旅途中所秉持的心态与态度。

面对环境"我"的响应

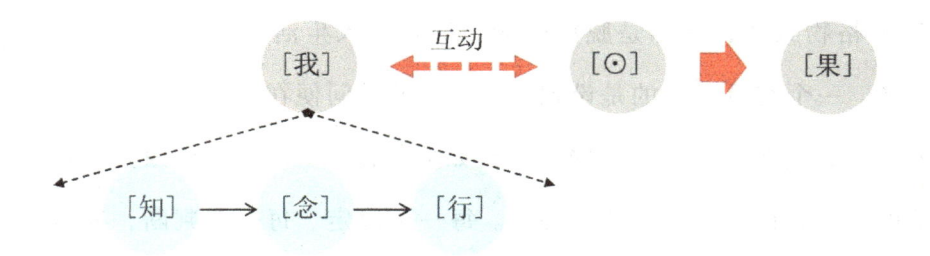

[我] ←互动→ [☉] ➡ [果]

[知] → [念] → [行]

第八章 立志的实践榜样

第一节 王守仁（王阳明）

王守仁，字伯安，号阳明，是中国历史上卓越的思想家之一。他不仅在思想领域建立了属于自己的哲学体系，更在艰难困苦中磨炼心志，成就了一段光辉灿烂的生命之旅。作为明代的杰出人物，阳明先生以"心即理""知行合一""致良知"为核心思想创立了心学，其立志成为圣贤的决心贯穿了他的人生历程，塑造了他坚定的品格和非凡的智慧。纵观他的一生，王阳明的立志不仅仅是个人的修行，更是一种对天下苍生的无尽关怀和深远责任。

王阳明出生于浙江余姚的一个书香门第，家族文化底蕴深厚。他的父亲王华曾在科举中考取了进士，为他打下了良好的文化基础。在这样一个充满知识与智慧氛围的环境中，王阳明从小便显示出过人的聪慧与追求。他十二岁时便向老师提问"何为人生第一等事"，并坚信"读书做圣贤"才是人生的至高追求，这句话便昭示了他此后矢志不渝的志向。对他而言，追求圣贤之道不只是学习知识，更是内在道德的修行，是精神的升华与人格的完善。

十七岁时，王阳明拜访了著名大儒娄谅，娄谅的一句话"圣人必可学而至"点燃了他的心志。他一心想找到通向圣贤之路的途径，开始深入学习朱熹的"格物致知"之说。他对书中提到的"草木皆涵至理"产生了浓厚的兴趣，认为通过对外物的探究便可以获得真正的智慧。为了实践这一理念，他曾痴迷于"格"竹子，想要在竹林中找到内心所寻求的真理。数日苦思，却不见任何成效，最终因过度劳累而病倒。然而，这次失败并未使他气馁，反而成了他重新审视自己立志之路的重要契机。

王阳明逐渐意识到，真正的圣贤之道并不在于对外物的追求，而在于内心的修行。三十五岁时，他因直言劝谏而得罪了朝中权贵，被贬至偏远的贵州龙场驿，这一

立志

生涯中的重大挫折对他而言是命运的考验，更是心灵的历练。在龙场的寂寞与困苦中，王阳明并未向命运低头。他面对的是物质的匮乏和生存的困境，同时也在思考着人生的意义与圣贤的真谛。正是在龙场，他有了"龙场悟道"的伟大觉醒，真正领会到"圣人之道，吾性自足"，一切的道理皆在心中，而无须向外界寻找。这一觉悟使他的心学理论臻于成熟，也使他在艰难的环境中实现了精神上的突破。

龙场悟道之后，王阳明并没有停留在学术上的成就，而是积极投身于社会事务。他以"知行合一"作为自己的人生准则，坚信真正的知识必须通过实践来检验和实现。他曾被任命为南赣巡抚，面对当时南方猖獗的山贼，他并没有简单地采取武力镇压，而是运用智慧与策略，通过剖析人心、分化山贼、招抚与剿灭并行的方式，使得曾经动荡不安的南方地区恢复了和平。他倡导"十家牌法"，让民众彼此监督，从而实现地方治理的有效性。这些政绩证明了他的心学思想不仅仅是理论的空谈，而是实实在在地体现在了治国平天下的行动中。

阳明先生的生命中充满了坎坷与起伏，然而他的志向却始终如一。无论是在政治上的高位，还是被贬谪至远离权力中心的边地，他从未放弃对圣贤之道的追求。五十岁时，宁王朱宸濠叛乱，他临危受命，带领有限的部队，仅用一个多月的时间平定了这场酝酿多年的叛乱，创造了文人平定大乱的奇迹。王阳明不仅是一位思想家，还是一位杰出的军事家和战略家，他的"知行合一"在战场上得到了最好的诠释。通过这场战役，王阳明向世人证明了"立志"不仅是精神上的追求，更是体现在行动中的果断与无畏。

王阳明一生中的志向，始终是成为圣贤。他的志不仅仅是对自身的要求，更是一种无私的家国情怀。他关心苍生，致力于教育，倡导"致良知"，希望每个人都能通过自身的努力达到道德的高度。他相信每个人的内心都蕴含着无限的潜力，只要去探索、去发掘，便可以成就圣贤之志。他用自己的人生证明了，真正的立志不是追求外在的荣耀与权势，而是追求内心的宁静与道德的完满。

第八章　立志的实践榜样

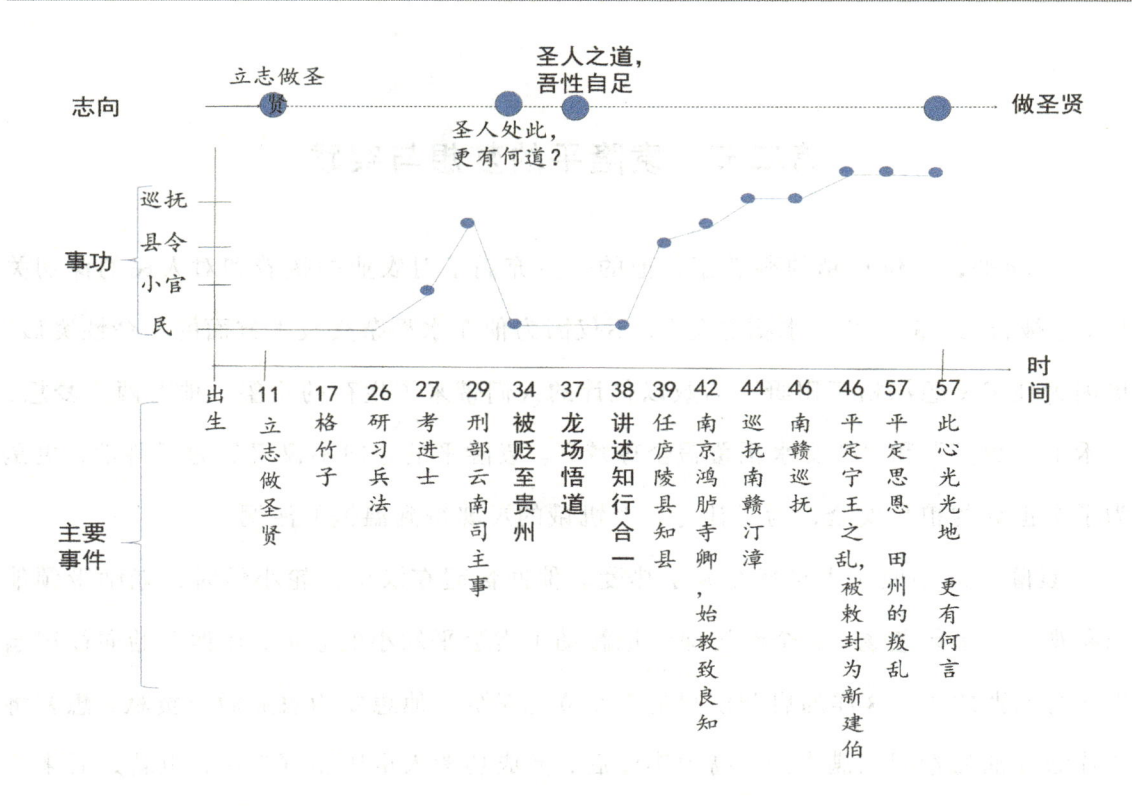

志向轴标注： 立志做圣贤；圣人处此，更有何道？；圣人之道，吾性自足；做圣贤

事功轴（从高到低）： 巡抚、县令、小官、民

主要事件（年龄与事件）：
- 出生
- 11 立志做圣贤
- 17 格竹子
- 26 研习兵法
- 27 考进士
- 29 刑部云南司主事
- 34 被贬至贵州
- 37 龙场悟道
- 38 讲述知行合一
- 39 任庐陵县知县
- 42 南京鸿胪寺卿，始教致良知
- 44 巡抚南赣汀漳
- 46 南赣巡抚
- 46 平定宁王之乱，被敕封为新建伯
- 57 平定思恩、田州的叛乱
- 57 此心光光地，更有何言

　　王阳明离世时，留下了"此心光光地，更有何言"的遗言，充分体现了他内心的澄澈与坦然。他的一生是立德、立功、立言的完美结合，他的思想成为中华文化的重要财富。他的"心学"影响深远，至今仍然为后人所推崇。王阳明的立志之道教导我们：真正的志向并非一时的激情与冲动，而是内心的坚定与持久，是在每一次困境中的不屈不挠，是在漫长岁月中的精进修行。每个人都可以通过不断提升自我，成为更好的自己，追寻属于自己的圣贤之路。

第二节　袁隆平的梦想与实践

袁隆平，一位卓越的科学家，他的一生充满了对农业的执着和对人民的深切关怀。他被誉为"世界杂交水稻之父"，不仅因为他在水稻杂交技术方面的革命性突破，更因为他将梦想深植于田野，为数以亿计的人们带来了生存的希望。他有两个梦想："禾下乘凉梦"和"杂交水稻覆盖全球梦"。袁隆平的志向不仅仅是为了科学，更是为了全世界的粮食安全，为了让每一个饥饿的灵魂得到温饱的滋润。

袁隆平从小便对大自然充满了热爱。他回忆起在汉口扶轮小学时，老师带领他们参观了一个园艺场。这个经历深深地触动了袁隆平幼小的心灵，让他开始向往田园生活与农业之乐。这样的启蒙使得他自小立志学农，他想要为农业做出贡献，想要将那片绿油油的希望洒满人间。高中毕业后，他成功考入重庆相辉学院，也就是后来著名的西南农学院，为他学农之路奠定了更加坚实的基础。

1952年，袁隆平在作为农学院学生实习的过程中，第一次走进真正的农村，那里的贫困和辛劳让他感触颇深。农村的现实与曾经在园艺场看到的美好场景截然不同，那里有着泥泞不堪的道路，有着艰辛劳作的农民，更多的则是人们脸上写满的饥饿与疲惫。正是这种现实场景更加坚定了袁隆平学农的信念，也让他深刻意识到农业改良的重要性。他意识到，如果农业生产得不到提升，农村的苦难将永无休止。在这个吃不饱饭的年代，他深知饥饿的痛苦，于是暗下决心：一生致力于改变农业面貌，为中国人解决温饱问题。

1953年，袁隆平从西南农学院毕业，被分配到湘西偏远的安江农校教书。在这里，他深切感受到了三年困难时期的悲惨，人民在饥荒中挣扎求生，许多人只能以野菜充饥，有些甚至饿死在田埂之间。记得一个老人对袁隆平说："只要能吃上一顿饱饭，死了也甘愿。"这句话深深刺痛了他的心，让他下定决心，要用农业科学技术击败饥饿，让中国人能吃饱饭，让饭碗牢牢掌握在自己手中。

1960年7月，袁隆平在农校的试验田中偶然发现了一株特殊性状的水稻，这一发现点燃了他心中的火焰。他意识到，这可能是天然的杂交水稻。经过反复试验，他确认了这一杂交优势的存在，这让他看到了希望。他着手研究水稻杂交的可能性，尝试通过去除水稻的雄花，以人工授粉的方式来培育杂交水稻。但这条路并非一帆风顺，试验初期困难重重，不少同事都对他的想法嗤之以鼻。然而，袁隆平并没有放弃，面对一次次失败，他反而愈加坚定。他知道，这条路一旦成功，意义将无可比拟。

在龙山驿，袁隆平克服了重重困难，终于找到了具有杂交优势的稻种。但在1968年，实验田中的秧苗遭到人为破坏，数百株不育材料被毁，这无疑是对他的巨大打击。然而，他并未因此而消沉，而是从废井中找回了残存的几根秧苗，重新进行培育。这种顽强的精神不仅是对科学的坚持，更是对人民福祉的承诺。他用自己的实际行动诠释了什么是科学家应有的信念——在最黑暗的时刻，依然不放弃追逐光明的勇气。

1975年，袁隆平终于突破了"制种关"，摸索总结出了杂交水稻的育种技术，成功地育成了高产的杂交水稻品种。杂交水稻的成功推广为世界带来了希望。它的出现，不仅大幅度提高了水稻产量，更是直接改变了数亿人的生活。袁隆平的研究彻底打破了传统的育种理念，将杂交优势应用于水稻生产，成就了一次农业革命。此后，在全国科研力量的协作下，杂交水稻技术迅速推广，帮助解决了中国乃至世界许多国家的粮食问题。

在随后的岁月中，袁隆平不断突破自我，挑战极限。他不仅致力于提升杂交水稻的产量，还着手解决恶劣环境下水稻的种植问题。在迪拜的沙漠中，他带领团队成功实现了杂交水稻的试验种植；在青海的盐碱地，他种出了能够耐受严酷环境的"海水稻"。这一切都源于他始终如一的梦想——让更多的人摆脱饥饿，让这片蓝色星球上的每一片土地都能长出粮食。这份心怀天下的情怀，使袁隆平成为真正的世界公民，为全人类的福祉做出了不可磨灭的贡献。

袁隆平的一生，是一部坚定信念、顽强拼搏的励志史诗。从孩提时代对田园的朴素向往，到立志学农，再到实现杂交水稻的重大突破，他用行动证明了什么是真正

立志

的志向与梦想。他的志向并非为了个人的荣誉，而是为了亿万人民的安康，他用自己的智慧和汗水，创造了一个又一个奇迹，改变了人类的生存方式。

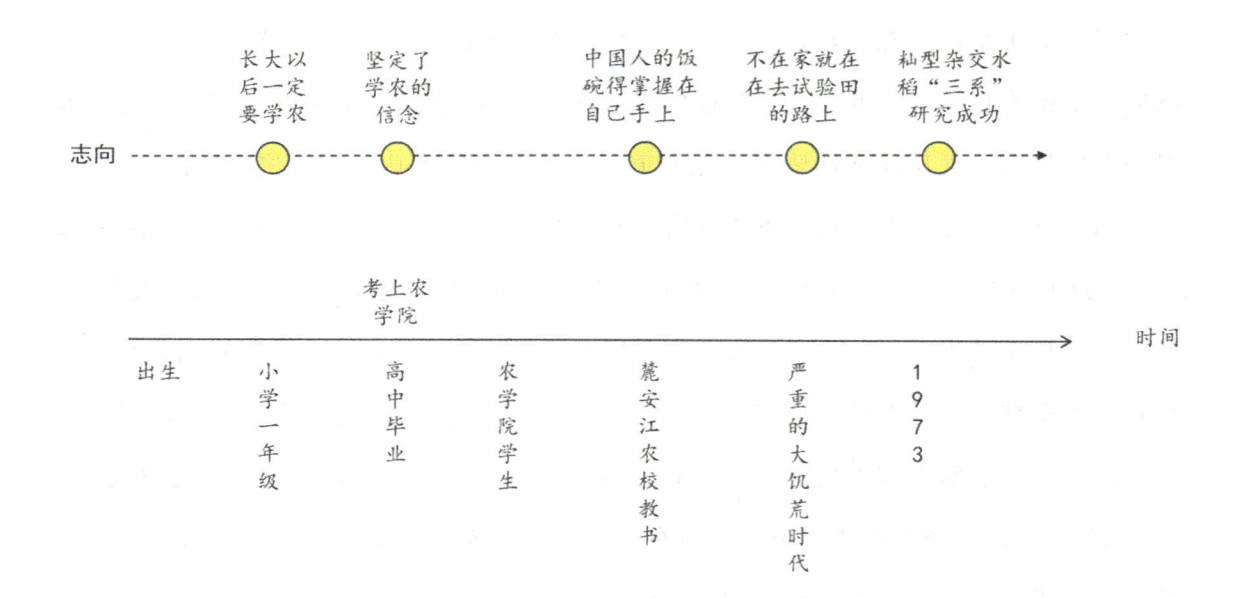

志向节点	时间
长大以后一定要学农	小学一年级
坚定了学农的信念	高中毕业
（考上农学院）	农学院学生
中国人的饭碗得掌握在自己手上	麓安江农校教书
不在家就在在去试验田的路上	严重的大饥荒时代
籼型杂交水稻"三系"研究成功	1973

袁隆平的故事告诉我们，真正的梦想不只是空想，而是脚踏实地的实践，是无数次失败后的重生与坚持。正是因为他心中始终怀有一个"禾下乘凉"的梦，才使得这一梦想化为现实，造福了无数的人。他的一生，犹如一株稻穗，虽经历风吹雨打，却始终挺立，为世人带来了金黄的希望与沉甸甸的果实。袁隆平的精神，将永远激励着每一个立志改变世界的人，去追逐那属于自己的梦想，不论风雨，不畏艰难。